Bootstrap
kurz & gut

Papier plus+ PDF.

Zu diesem Buch – sowie zu vielen weiteren O'Reilly-Büchern – können Sie auch das entsprechende E-Book im PDF-Format herunterladen. Werden Sie dazu einfach Mitglied bei oreilly.plus+:

www.oreilly.plus

Bootstrap
kurz & gut

Jörg Krause

Jörg Krause

Lektorat: Ariane Hesse
Fachgutachter: Jørgen W. Lang, Jens Meiert
Korrektorat: Sibylle Feldmann, www.richtiger-text.de
Herstellung: Stefanie Weidner
Umschlaggestaltung: Michael Oréal, www.oreal.de
Satz: III-satz, www.drei-satz.de
Druck und Bindung: Media-Print Informationstechnologie, www.mediaprint-druckerei.de

Bibliografische Information Der Deutschen Nationalbibliothek
Die Deutsche Nationalbibliothek verzeichnet diese Publikation in der Deutschen
Nationalbibliografie; detaillierte bibliografische Daten sind im Internet über
http://dnb.d-nb.de abrufbar.

ISBN:
Print 978-3-96009-087-8
PDF 978-3-96010-231-1
ePub 978-3-96010-232-8
mobi 978-3-96010-233-5

Dieses Buch erscheint in Kooperation mit O'Reilly Media, Inc. unter dem Imprint
»O'REILLY«. O'REILLY ist ein Markenzeichen und eine eingetragene Marke von O'Reilly
Media, Inc. und wird mit Einwilligung des Eigentümers verwendet.

1. Auflage
Copyright © 2018 dpunkt.verlag GmbH
Wieblinger Weg 17
69123 Heidelberg

Die vorliegende Publikation ist urheberrechtlich geschützt. Alle Rechte vorbehalten. Die
Verwendung der Texte und Abbildungen, auch auszugsweise, ist ohne die schriftliche
Zustimmung des Verlags urheberrechtswidrig und daher strafbar. Dies gilt insbesondere
für die Vervielfältigung, Übersetzung oder die Verwendung in elektronischen Systemen.

Es wird darauf hingewiesen, dass die im Buch verwendeten Soft- und Hardware-
Bezeichnungen sowie Markennamen und Produktbezeichnungen der jeweiligen Firmen
im Allgemeinen warenzeichen-, marken- oder patentrechtlichem Schutz unterliegen.

Die Informationen in diesem Buch wurden mit größter Sorgfalt erarbeitet. Dennoch
können Fehler nicht vollständig ausgeschlossen werden. Verlag, Autoren und Übersetzer
übernehmen keine juristische Verantwortung oder irgendeine Haftung für eventuell
verbliebene Fehler und deren Folgen.

5 4 3 2 1 0

Inhalt

Vorwort		IX
1	**Einführung in Bootstrap**	**1**
	Grundlegendes zu Bootstrap 4	1
	Installation	2
	Struktur der CSS-Dateien	4
	Seitenaufbau	6
	Browserunterstützung	7
	ARIA	8
	Optimierung	10
	Hilfsklassen	12
	Reboot	13
2	**Struktur der Seite**	**15**
	Einführung	15
	Das Rastersystem	16
	Das Flex-Raster	28
3	**Typografie**	**35**
	Überschriften	36
	Text und Textelemente	37
	Listen	43
	Tabellen	46
	Hilfsklassen	57

4	**Formulare**	61
	Struktur eines Formulars	61
	Eingabeelemente	74
	Schaltflächen	94
5	**Weitere Bausteine**	101
	Symbole	101
	Responsive Bilder	105
	Eingebettete Quellen	107
	Farben und Hintergründe	107
	Ausrichtung von Elementen im Dokumentenfluss	110
	Inhalte anzeigen und verstecken	111
6	**Komponenten**	113
	Aufklappmenüs (dropdown)	113
	Werkzeugleisten (toolbar)	118
	Schaltfläche mit Menü (button group)	121
	Navigation (nav, navbar)	125
	Pfadnavigation (breadcrumb)	136
	Seitenweises Blättern (pagination)	137
	Kennzeichnungen (tags)	140
	Jumbotron (jumbotron)	143
	Seitenüberschriften (page header)	144
	Meldungen (alert)	144
	Fortschrittsbalken (progress)	146
	Medien (media)	151
	Allgemeine Listen (list group)	152
	Karten (cards)	157
7	**Aktive Komponenten**	171
	Einrichtung und Aktivierung	171
	Die Programmierschnittstelle	172
	Übergänge (transition)	174
	Modale Dialoge (modals)	174
	Aufklappmenü (dropdown)	184

Scrollbar-Überwachung (scrollspy)	186
Umschaltbare Tabs (tab)	189
Tooltipps (tooltip)	191
Popover (popover)	194
Meldungen (alert)	199
Interaktive Schaltflächen (button)	200
Inhaltseinblendung (collapse)	201
Bilderkarussell (carousel)	206
Index	**209**
Über den Autor	**213**

Vorwort

Dieses Buch beschreibt kompakt und übersichtlich das CSS-Framework Bootstrap 4. Bootstrap entstand ca. 2010 ursprünglich bei Twitter und war von vornherein mit dem Gedanken »mobile first« – zuerst für mobile Geräte – entwickelt worden. Es hat sich seitdem zu einem der besten und bekanntesten Frameworks für die Gestaltung von Websites entwickelt. Begleitet von einer Vielzahl auf Bootstrap aufsetzenden Gestaltungsvorlagen – sogenannten Themes –, bietet es sichere und robuste Stildefinitionen für Alltagsaufgaben.

Bootstrap-Beispiele

Um alle Beispiele nachvollziehen zu können, benötigen Sie eine lauffähige Umgebung zum Erstellen von Webseiten. Nähere Informationen dazu bietet das umfassende Werk für Einsteiger in die Welt der Webentwicklung, »Jetzt werde ich Web-Entwickler!«, vom selben Autor.

Schreibweisen

Skripte sind häufig recht umfangreich. Um sie optisch besser lesbar zu gestalten, habe ich oft zusätzliche Zeilenumbrüche eingebaut, die im Editor Ihrer Entwicklungsumgebung aber nichts zu suchen haben.

Generell wird Programmcode mit einer nicht proportionalen Codeschrift gesetzt.

```
body {
  color: black;
}
```

Wenn Sie etwas auf der Kommandozeile oder in einem Dialogfenster eingeben müssen, ist dieser Teil der Anweisung fett gesetzt:

```
$ npm install bootstrap --save
```

Das erste Zeichen ist der Prompt, der nicht mit eingegeben wird. Ich verwende im Buch den Linux-Prompt der Bash-Shell. Die Kommandos funktionieren ausnahmslos unverändert auch in Windows, nur steht dann **C:>** oder etwas Ähnliches am Anfang der Zeile.

Ausdrücke und Befehlszeilen sind häufig mit allen Arten von Zeichen gespickt, und in fast allen Fällen kommt es auf jedes Zeichen an. Oft werde ich die Verwendung bestimmter Zeichen in einem solchen Ausdruck genau erläutern. Wichtige Zeichen werden durch zusätzliche Zeilenumbrüche hervorgehoben.

Im folgenden Beispiel möchte ich etwa das :-Zeichen hervorheben und füge deshalb einen Zeilenumbruch nach der ersten öffnenden geschweiften Klammer hinzu, der nicht zwingend ist.

```
a.test {
  :hover {
    color: red
  }
}
```

Beispiele

Sie finden das Beispielprojekt zu diesem Buch auf GitHub:

- *https://github.com/joergkrause/bootstrap4-kurz-und-gut*

Das Projekt nutzt Musterdateien, die pures HTML enthalten. Zur Nutzung ist es empfehlenswert, die Inhalte mit einem Browser abzurufen. Dazu muss im Stammordner ein Webserver gestartet werden.

Beispiele optimal nutzen

Gehen Sie folgendermaßen vor (für Anfänger ohne Vorkenntnisse):

1. Installieren Sie NodeJs (*https://nodejs.org*).
2. Installieren Sie einen Git-Client passend zum Betriebssystem.

3. Öffnen Sie jetzt eine Konsole (Windows) oder ein Terminal (Linux).
4. Klonen Sie das Git-Verzeichnis (siehe oben) in einen Ordner.
5. Navigieren Sie in diesem Verzeichnis in den neuen Ordner, in dem sich der Klon befindet.
6. Geben Sie npm install ein und warten Sie die Installation ab.
7. Geben Sie npm start ein. Der Webserver startet auf Port 3000.
8. Öffnen Sie einen Browser und navigieren Sie zu *http://localhost:3000*.
9. Folgen Sie den Anweisungen auf der Website, die nun erscheint.

Dieses Element kennzeichnet einen Hinweis oder Tipp.

Dieses Element weist auf eine Gefahr oder ein mögliches Problem hin.

KAPITEL 1

Einführung in Bootstrap

In diesem Kapitel finden Sie einige grundlegende Informationen zu Bootstrap 4 und zu seiner Installation.

Grundlegendes zu Bootstrap 4

Ein erster Überblick über die wichtigsten Eigenschaften von Bootstrap dient als Grundlage für alle folgenden Kapitel.

Das Einheitensystem

Das Einheitensystem nutzt die Einheit rem (CSS) bzw. em (Media Queries). Der globale Font, der als Ausgangspunkt dient, wurde von 14 auf 16 Pixel hochgesetzt. Diese Änderung wurde vor allem mit Blick auf die höher auflösenden Displays mobiler Geräte vorgenommen. Die Einheiten rem bzw. em nutzen die Breite des Buchstaben M als Basis der Berechnung und definieren ein relatives Größenverhältnis der Elemente, was gerade auch für responsives Webdesign wichtig ist. Es bietet Vorteile beim Entwickeln eines gefälligen Schriftbilds.

Das Rastersystem

Es gibt folgende Rastervarianten für die verschiedenen Displaygrößen vom Smartphone bis zum Displaybildschirm: Extra Small xs, Small sm, Medium md, Large lg und Extra Large xl. Das letzte, xl, dient der Unterstützung besonders hochauflösender Displays (3.000 x 2.000 Pixel und mehr).

Panels

Die in früheren Versionen benutzten Anzeigeformen Wells, Panels und Thumbnails sind entfallen und werden durch eine neue Komponente mit dem Namen *Card* ersetzt.

Installation

Bootstrap 4 kann über die eigene Website (*http://getbootstrap.com*) und npm (Node Package Manager) heruntergeladen werden. Darüber hinaus können Sie Bootstrap aus den SASS-Quellen auch selbst erstellen und dazu den Quellcode direkt von GitHub (*https://github.com/twbs/bootstrap*) beziehen. Bootstrap nutzt außerdem für die Rohdateien der Cascading Style Sheets die Sprache SASS, ein Präprozessor, der in CSS übersetzt. Die primäre Sprache in Bootstrap 4 zur Erstellung der Stile ist SASS.

CDN

Bootstrap ist via MaxCDN verfügbar. Ein CDN (*Content Delivery Network*) erlaubt einer Website, häufig benötigte öffentliche Dateien von weltweit verteilten Servern abzurufen. Wenn ein Nutzer aus den USA Ihre in Deutschland gehostete Website aufruft, wird das CDN dafür sorgen, dass die Bootstrap-Dateien von einem Server in den USA abgerufen werden. Dies entlastet Ihren Server, die Leitungen des Providers, das Internet insgesamt, und der Benutzer erlebt einen schnelleren Ladevorgang. Im Grunde gewinnen dabei alle. Wenn Sie im Intranet programmieren, sind CDNs dagegen eher ungünstig. Erwarten Sie nur lokale Nutzer in Deutschland, bringt ein CDN keinen Vorteil.

Die Bootstrap-Dateien werden bei der Nutzung des CDN folgendermaßen eingebunden:

```html
<!-- Das neueste kompilierte und minimierte CSS -->
<link rel="stylesheet" href="https://maxcdn.bootstrapcdn.com/
bootstrap/4.0.0/css/bootstrap.min.css">
```

```
<!-- Das neueste kompilierte und minimierte JavaScript -->
<script src="https://maxcdn.bootstrapcdn.com/bootstrap/4.0.0/
js/bootstrap.min.js"></script>
```

Bootstrap 4 Final

Dieses Buch wurde für die Version 4.1.0 überarbeitet, wie sie im April 2018 verfügbar war. Die Versionsangaben im Buch lauten dagegen *4.0.0*. Wenn Sie Version 4.1.0 benutzen, ersetzen Sie alle Versionsangaben entsprechend. Benutzen Sie eine spätere Version, passen Sie die Angaben an. Während der Lebensdauer dieses Buchs wird es neue Versionen geben, sodass »4.0.0« hier als Platzhalter aufgefasst werden kann.

Repository für lokale Installation

Um eine lokale Kopie zu erhalten, nutzen Sie npm (*https://www.npmjs.com/*). Wenn Sie in Ruby on Rails entwickeln, sollten Sie sich »Bootstrap for SASS« (*https://github.com/twbs/bootstrap-rubygem*) anschauen.

Mit npm installieren

Mithilfe von npm wird Bootstrap folgendermaßen installiert:

```
$ npm install bootstrap@latest --save
```

Wenn Sie npm benutzen, werden Sie möglicherweise *NodeJs* einsetzen. Binden Sie Bootstrap dann folgendermaßen ein:

```
require('bootstrap')
```

Dieser Befehl lädt Bootstraps jQuery-Plug-ins in das jQuery-Objekt. Das Modul bootstrap selbst exportiert nichts. Sie können die jQuery-Plug-ins individuell laden, indem Sie **/js/.js**-Dateien im obersten Verzeichnis des Pakets laden.

Bootstraps *package.json* enthält einige zusätzliche Metadaten unter den folgenden Abschnitten:

- *sass*: Pfad zu Bootstraps SASS-Quelldateien
- *style*: Pfad zu Bootstraps nicht minimiertem CSS, das mit den Standardeinstellungen vorkompiliert wurde (ohne Anpassungsmöglichkeit)

Bootstrap wird in Version 4 mit SASS (*http://sass-lang.com/*) entwickelt. Schauen Sie beim Herunterladen auf die aktuellen Informationen, um sicherzustellen, dass Sie den richtigen Präprozessor einsetzen. SASS ist auf allen Plattformen verfügbar. Bootstrap verwendet *Autoprefixer*, um mit den Vendor-Präfixen in CSS zu arbeiten. Falls Sie Bootstrap von der SASS-Quelle kompilieren möchten und nicht das mitgelieferte Gruntfile verwenden, muss Autoprefixer selbst in den Build-Vorgang integriert werden. Werden vorkompilierte Bootstrap-Dateien oder das Gruntfile verwendet, ist *Autoprefixer* bereits eingebunden. Die Vorgehensweise gilt für Gulp und andere Task Runner äquivalent, wenn diese eingesetzt werden sollen.

Bootstrap kann in zwei Arten von Paketen heruntergeladen werden – in der kompilierten Version und zusätzlich in minimierten Varianten. Bootstrap benötigt jQuery als Grundlage der Komponenten.

Struktur der CSS-Dateien

Die vollständige Liste der Dateien einer Umgebung, die Bootstrap verwendet, sieht folgendermaßen aus:

```
bootstrap/dist
    ├── css/
        ├── bootstrap.css
        ├── bootstrap.css.map
        ├── bootstrap.min.css
        ├── bootstrap.min.css.map
        ├── bootstrap-grid.css
        ├── bootstrap-grid.css.map
        ├── bootstrap-grid.min.css
        ├── bootstrap-grid.min.css.map
```

```
          ├── bootstrap-reboot.css
          ├── bootstrap-reboot.css.map
          ├── bootstrap-rebooot.min.css
          └── bootstrap-rebooot.min.css.map
      └── js/
          ├── bootstrap.js
          ├── bootstrap.min.js
          ├── bootstrap.bundle.js
          ├── bootstrap.bundle.min.js
          ├── bootstrap.js.map
          ├── bootstrap.min.js.map
          ├── bootstrap.bundle.js.map
          └── bootstrap.bundle.min.js.map
```

Zu Bootstrap gibt es zwei abhängige Bibliotheken, die zur Nutzung aller Funktionen erforderlich sind:

- jQuery
- Popper

Davon wird freilich immer nur ein Teil genutzt. Die Darstellung gibt lediglich die Dateien wieder, die bei der Installation via npm bereitgestellt werden.

Es gibt die vier großen Bereiche Layout, Content, Components und Utilities in Bootstrap, die in verschiedenen Dateien definiert sind:

- *bootstrap.css*: Layout, Content, Components, Utlities
- *bootstrap-grid.css*: nur Grid des Teils Layout, nur Flex-Unterstützung in Utlities
- *bootstrap-reboot.css*: nur Reboot in Content (siehe Abschnitt *Reboot* am Ende dieses Kapitels)

Vorkompilierte Dateien sind die einfachste Methode, Bootstrap zu nutzen. Die *min*-Versionen sind zusätzlich minimiert (verdichtet). Die *map*-Dateien dienen dazu, die minimierten Versionen im Browser debuggen zu können – sie verbinden die vollständige Version mit der minimierten.

Wenn man die Tooltipps und Popover nutzen will, wird die Zusatzbibliothek *Popper* benötigt. Information zu Popper gibt unter *https://popper.js.org/*.

Minimizer

Wenn Sie einen Minimizer (manchmal auch Minifier/Uglifier genannt) in Ihrem Projekt einsetzen, übergeben Sie die nicht minimierten Dateien. Einige Minimizer zerstören den Code, wenn er bereits mit einem anderen Minimizer verdichtet wurde.

Fonts

Neben CSS und JavaScript enthält die Distribution keine Fonts, die die Icons liefern. Icon Fonts sind eine besonders kompakte und einfache Methode, um einfarbige Symbole in Websites einzubinden.

Empfehlenswert ist die Bibliothek Font-Awesome.

Font-Awesome gehört nicht zu Bootstrap 4. Es wird aber oft ergänzend für Symbole benutzt. Bis Bootstrap 3 wurden Icons (Glyphicons) mit ausgeliefert, wegen der großen Vielfalt an derartigen Schriftbibliotheken wurde die Wahl jetzt dem Entwickler überlassen. Font-Awesome ist eine der wichtigsten und umfassendsten derartigen Fonts. Näheres hierzu finden Sie in Kapitel 5 im Abschnitt *Symbole*.

Seitenaufbau

Ist alles vorbereitet, können Sie die erste Seite erstellen. Diese Seite sollte das Basislayout der gesamten Applikation liefern. Eine erste Version könnte folgendermaßen aussehen:

```
<!DOCTYPE html>
<html lang="en">
  <head>
    <meta charset="utf-8">
    <meta name="viewport" content="width=device-width,
initial-scale=1, shrink-to-fit=no">
    <meta http-equiv="x-ua-compatible" content="ie=edge">

    <link rel="stylesheet" href="https://maxcdn.bootstrapcdn.com/
bootstrap/4.0.0/css/bootstrap.min.css" crossorigin="anonymous">
  </head>
```

```
    <body>
      <h1>Hallo Bootstrap 4</h1>

      <script src="https://ajax.googleapis.com/ajax/libs/jquery/
2.1.4/jquery.min.js"></script>
      <script src="https://maxcdn.bootstrapcdn.com/bootstrap/4.0.0/
js/bootstrap.min.js" crossorigin="anonymous"></script>
    </body>
</html>
```

Die drei ersten Metatags müssen am Anfang des <head>-Blocks stehen. Die in früheren Versionen üblichen Kompatibilitätseinträge für ältere IE-Versionen gibt es nicht mehr. Browser älter als IE10 werden nicht unterstützt. Beim Betriebssystem ist die Unterstützung für iOS6 oder älter nicht mehr gegeben.

Wenn Sie diese Seite lokal via *file:///* betrachten, funktionieren einige Teile nicht wie erwartet. Versuchen Sie, alle Entwicklungsschritte immer mit einem lokalen Webserver auszuführen (Visual Studio mit IIS Express, IIS, NodeJs mit einem HTTP-Serverpaket oder ein lokaler Apache oder NGinx sind perfekt dafür geeignet).

Beachten Sie, dass Bootstrap selbst nach jQuery geladen werden muss, wenn die JavaScript-Komponenten benutzt werden.

Laden Sie jQuery nur dann von einem CDN, wenn die Website später öffentlich sein soll. Für das Intranet ist eine lokale Kopie besser geeignet.

Browserunterstützung

Auch bei Bootstrap ist die Browserunterstützung ein Thema. Es wurde viel Aufwand getrieben, um möglichst viele Browser und Plattformen zu unterstützen. Aktuell sieht dies folgendermaßen aus:

Tabelle 1-1: Browserunterstützung

	Chrome	Firefox	Internet Explorer	Edge	Safari
Android	OK	OK	X	OK	X
iOS	OK	OK	X	OK	OK
macOS	OK	OK	X	X	OK
Windows	OK	OK	OK	OK	X
Windows Mobile	X	X	X	OK	X

Chromium und Chrome für Linux, Firefox für Linux und Internet Explorer 7 sollten funktionieren, werden aber nicht offiziell unterstützt. Die breiteste Abdeckung von Browsern haben Sie derzeit auf macOS und auf Windows. Opera wird auf macOS und Windows unterstützt. Andere Browser nutzen meist eine der Render-Engines der oben gezeigten Stammversionen und verhalten sich dann entsprechend.

ARIA

Die Unterstützung von barrierefreien Anwendungen (*Accessible Rich Internet Applications Suite* = ARIA (*http://www.w3.org/TR/wai-aria/*)) ist eigentlich ein HTML-Thema. Einige Beispiele im Text sind darauf bereits ausgerichtet und tragen diese Attribute. Es folgt eine Übersicht darüber, wie das funktioniert. Bootstrap unterstützt ARIA implizit und umfassend.

HTML5 – das role-Attribut

Die role-Attribute werden in die relevanten HTML-Tags gesetzt. Sie verbessern die semantische Auszeichnung und helfen damit Screenreadern und anderen für den barrierefreien Zugang eingesetzten Geräten bei der korrekten Ausgabe:

- banner: das Element ist ein Banner
- complementary: das Element ergänzt einen Bereich, steht meist anstatt eines <aside>

- `content`: regulärer Inhalt
- `info`: Zusatzinformationen
- `form`: Formular
- `main`: Hauptbereich
- `navigation`: Navigationsbereich
- `search`: Suchformular

Die folgenden role-Attribute beschreiben die Struktur der Seite:

- `article`: Artikel (Text)
- `columnheader`: Spaltenkopf
- `definition`: Definition
- `directory`: Verzeichnis
- `document`: Dokument
- `group`: Gruppe
- `heading`: Kopfbereich
- `img`: Bilder
- `list`: Liste
- `listitem`: Listenelement
- `math`: mathematische Formel
- `note`: Notiz oder Ergänzung
- `presentation`: Präsentation, Anzeigeunterstützung
- `region`: Bereich
- `row`: Zeile
- `rowheader`: Kopf einer Zeile (links der Zeile)
- `separator`: Trennlinie in Menüs oder Listen
- `toolbar`: Werkzeugleiste

Ein Anwendungsbeispiel:

```
<hr role="separator" />
```

In Tags wie <nav> oder <aside> ist das role-Attribut redundant. Folgendes ist also nicht erforderlich:

```
<nav role="navigation">
<aside role="complementary">
```

> **ARIA kein Thema?**
>
> Neben dem barrierefreien Zugang erleichtern die semantischen Attribute auch die Wartung und Pflege des Quelltexts. Es ist allemal einfacher, mit role="banner" zu arbeiten als mit Dutzenden von verschachtelten <div>-Elementen.

Optimierung

Korrekt erstellte Bootstrap-Seiten können um einiges umfangreicher ausfallen als klassische HTML-Seiten. Die Stabilität der Seiten hat ihren Preis. Sie sollten daher sorgfältig abwägen, wie Elemente erstellt werden. Ein typisches Beispiel sind lange Listen mit vielen Optionen. Hier kommen neben den Listenelementen auch diverse Schaltflächen oder Menüs zum Einsatz. Vor allem bei serverseitig generiertem Code erscheint das unkritisch und verursacht wenig Aufwand. Hier ein Beispiel:

```
<ul class="list-group">
  <li class="list-group-item">Erstes Element
  <div class="btn-group">
    <button type="button"
            class="btn btn-default dropdown-toggle"
            data-toggle="dropdown" aria-haspopup="true"
            aria-expanded="false">
      Aktion <span class="caret"></span>
    </button>
    <ul class="dropdown-menu">
      <li><a href="#">Löschen</a></li>
      <li><a href="#">Verschieben</a></li>
      <li><a href="#">Umbenennen</a></li>
      <li role="separator" class="divider"></li>
      <li><a href="#">Herunterladen</a></li>
    </ul>
  </div>
  </li>
  <li>... weitere Elemente</li>
  <li>... weitere Elemente</li>
</ul>
```

Diese Liste benötigt ca. 530 Zeichen, in UTF-16 ist das mehr als 1 KByte (bei UTF-8 werden nur die Zeichen außerhalb von ASCII mit mehreren Zeichen belegt). Wenn Sie 40 Elemente auf der Seite anzeigen, was aufgrund des Drop-downs optisch kein Problem ist, sind das 40 KByte HTML bei einer Nutzlast von grob geschätzt 2 KByte (40-mal Text pro Eintrag mit 50 Byte). Hier lohnt es sich, JavaScript einzusetzen.

Das folgende Skript definiert einmal eine Vorlage mit dem Code, und das JavaScript im folgenden Listing fügt ihn dann zur Laufzeit an jedes Listenelement an. Zur Steuerung werden HTML5-Attribute benutzt.

```html
<ul class="list-group" data-list-target>
  <li class="list-group-item">Erstes Element</li>
  <li>...weitere Elemente</li>
  <li>...weitere Elemente</li>
</ul>
<div class="btn-group" data-list-template>
  <button type="button"
          class="btn btn-default dropdown-toggle"
          data-toggle="dropdown" aria-haspopup="true"
          aria-expanded="false">
    Aktion <span class="caret"></span>
  </button>
  <ul class="dropdown-menu">
    <li><a href="#">Löschen</a></li>
    <li><a href="#">Verschieben</a></li>
    <li><a href="#">Umbenennen</a></li>
    <li role="separator" class="divider"></li>
    <li><a href="#">Herunterladen</a></li>
  </ul>
</div>
```

Nun wird mittels JavaScript der durch data-list-template adressierte Code ausgelesen und dann geklont an die durch data-list-target erreichbare Liste angehängt. Benutzt wird hier jQuery:

```javascript
// Ausführung, wenn das Dokument geladen wurde.
$(function(){
  // Template laden, klonen und verstecken.
  var template = $('[data-list-template]').hide().clone();
  // Listenelemente suchen, kopierte Vorlage anhängen, anzeigen.
```

```
   $('[data-list-target] li').append($(template).show());
});
```

Das Skript kostet nur ca. 250 Byte (130 Zeichen ohne die Kommentare). Statt maximal 40 KByte benötigt diese Lösung also weniger als 2,5 KByte – wenn man es plakativ haben will, sind das 6 % der ursprünglichen Größe oder eine Verringerung um 94 %. Zudem kann der JavaScript-Code ausgelagert und im Browser gecacht werden.

Interaktive Oberflächen

Das Skript lässt sich noch so verfeinern, dass die Schaltflächen nur dann auftauchen, wenn sich der Mauszeiger über dem Eintrag befindet. Das append wird nur ausgeführt, wenn ein mouseenter auftaucht, und bei mouseleave werden alle Schaltflächen entfernt. Achten Sie darauf, dass Ereignisse immer per $(document).on('click') erstellt werden, damit es auch mit den dynamisch angehängten Elementen klappt. Bei Unklarheiten hilft die Dokumentation von jQuery zuverlässig weiter.

Hilfsklassen

Bootstrap kommt mit einer großen Gruppe von einfachen Hilfsklassen, die kleinere Gestaltungseingriffe erlauben.

Rahmen

Die erste Gruppe bilden Rahmen. Mit der Breite »0« wird angegeben, dass der Rahmen an einer Seite entfernt wird:

```
<span class="border"></span>
<span class="border-0"></span>
<span class="border-top-0"></span>
<span class="border-right-0"></span>
<span class="border-bottom-0"></span>
<span class="border-left-0"></span>
```

Möglich sind auch semantische Farben:

```
<span class="border border-primary"></span>
<span class="border border-secondary"></span>
<span class="border border-success"></span>
<span class="border border-danger"></span>
<span class="border border-warning"></span>
<span class="border border-info"></span>
<span class="border border-light"></span>
<span class="border border-dark"></span>
<span class="border border-white"></span>
```

Reboot

Reboot ist eine Sammlung von Stilen, die sich auf HTML-Elemente beschränken und keine zusätzlichen Klassen einsetzen. Damit ist es möglich, einer Anwendung ein grundlegendes einfaches, aber elegantes Layout zu geben, ohne Änderungen am HTML vornehmen zu müssen.

Wird nur Reboot allein benutzt, reicht die CSS-Datei *bootstrap-reboot.css*.

Fonts

Bei den Fonts wird auf die systemeigenen Standards der jeweiligen Betriebssysteme gesetzt. Die Seiten sehen also auf einem Mac anders aus als unter Windows.

- Safari für OS X und iOS: Apple-Systemschrift
- Chrome < 56 für OS X: BlinkMacSystemFont
- Windows: Segoe UI
- Android: Roboto (Google)
- Fallback für Browser: Helvetica Neue, Arial, sans-serif
- Emoticons: Apple Color Emoji, Segoe UI Emoji, Segoe UI Symbol

Beachten Sie, dass die Schriften leicht unterschiedlich breit laufen und mehr oder weniger Platz für Texte benötigt wird.

Gestaltungseinschränkungen

Die Reboot-Stile haben nicht das typische Erscheinungsbild von Schaltflächen und Feldern. Das Layout ist stärker an klassisches HTML angelehnt.

Als einzige Ausnahme von der »Elementregel« – diese Stile beziehen sich direkt auf HTML-Elemente – wird das HTML5-Attribut hidden unterstützt und in Browsern, die das nicht selbst können, mit display: none; gerendert.

KAPITEL 2
Struktur der Seite

Bootstrap realisiert ein horizontales Raster auf der Seite, in dem Elemente platziert werden. Das Raster läuft von links nach rechts.

Einführung

Die Basis für das Raster ist eine feste, gleichmäßige Unterteilung der Seite. Das Raster passt sich an die Größe des Ansichtsbereichs, des sogenannten Viewports, an.

Der HTML5-Doctype

Der erste Schritt zur Nutzung von Bootstrap besteht darin, die Webseite auf HTML5 einzustellen. Dies erfolgt mit dem richtigen Doctype (Zeile 1, danach angedeutet die folgende HTML-Seite):

```
<!DOCTYPE html>
<html lang="en">
   ...
</html>
```

Einstellungen des Ansichtsbereichs

Damit mobile Geräte von vornherein unterstützt werden, wird nun der Viewport festgelegt. Das erste Tag im <head>-Bereich ist deshalb das folgende Metatag:

```
<meta name="viewport"
      content="width=device-width, initial-scale=1" />
```

Bestimmt wird hier das Zoomverhalten und die im Tag zuvor genutzte Skalierung. Das Zoomverhalten kann mit user-scalable= no abgeschaltet werden. Die Applikation fühlt sich dann ein wenig so an wie eine native App auf einem mobilen Gerät.

Zoom abschalten

Es ist riskant, die Zoomfunktion abzuschalten. Benutzer mit eingeschränkten Sehfähigkeiten oder Nutzer besonders kleiner Bildschirme können darauf angewiesen sein. Wenn sich eine mobile Webseite wie eine native App verhalten soll, muss sie auch von Grund auf wie eine App programmiert werden. So schalten Sie die Skalierung explizit ab:

```
<meta name="viewport"
      content="width=device-width,
               initial-scale=1,
               maximum-scale=1,
               user-scalable=no">
```

Das Rastersystem

Schon in den Anfangsjahren des Webs wurde versucht, einer Seite durch eine Art virtuelles Raster (Grid) eine Struktur zu geben. Dazu kamen anfangs meist Tabellen zum Einsatz. Tabellen sind jedoch in ihrer horizontalen Ausdehnung nicht vollkommen flexibel – der Inhalt bestimmt die Breite. Eine Skalierung auf einen kleineren Bildschirm ist damit nicht möglich. Das widerspricht dem Anspruch an eine responsive – sich den Gegebenheiten anpassende – Website.

Aus der Idee der Tabelle entstand die Vorgehensweise, statt der Zellen einfach <div>-Tags mithilfe von CSS gitterförmig anzulegen. Wer das einmal selbst probiert hat, wird schnell gemerkt haben, dass der Ansatz alles andere als trivial ist. CSS-Frameworks liefern hier für die Darstellung von Tabellen eine solide Grundlage. Tatsächlich ist das Raster eher eine Anordnung von streifenartigen Elementen.

Container

Bootstrap nutzt ein Containerelement, um die Seite einzuleiten und eine Basis für das Raster zu definieren. Container können mehrfach auf der Seite benutzt, sollten aber nicht verschachtelt werden.

```
<div class="container">
   ...
</div>
```

Container dieser Art liefern ein festes, zentriertes, responsives Raster. Das heißt, die Breite passt sich in Schritten dem Gerät an und bleibt dann innerhalb eines Bereichs stabil. Die Sprungbereiche werden auch als »Breakpoints« bezeichnet – Umbruchpunkte. Sollten Sie diesen Begriff aus der Softwareentwicklung kennen – damit haben die Breakpoints in Bootstrap nichts zu tun.

Alternativ kann die Klasse .container-fluid benutzt werden, die immer die volle Breite des Geräts nutzt:

```
<div class="container-fluid">
   ...
</div>
```

Das Raster im Detail

Das Raster entsteht aus zwölf gleich breiten Spalten. Vordefinierte Klassen können verwendet werden, um Elemente ab einer bestimmten Spalte und über eine Anzahl von Spalten hinweg zu platzieren.

Innerhalb der Spalten lassen sich Zeilen festlegen, um eine wechselnde Nutzung der Spaltenbreiten zu erlauben. Die Vorgehensweise sollte sich an einigen wenigen Regeln orientieren:

- Zeilen (.row) müssen sich in einem Container befinden: .container (feste Breite) oder .container-fluid (volle Breite).
- Zeilen werden benutzt, um mehrere Elemente horizontal nebeneinander zu platzieren.
- Spalten(.col-xx-n) werden in Zeilen platziert. Nur Spaltenelemente sind unmittelbare Kindelemente von Zeilen.

- Abstände (Lücken) zwischen den Spalten werden mit padding-Regeln definiert. Diese Abstände werden links von der ersten Spalte und rechts der letzten Spalte mit negativen Abständen (margin) ausgeglichen. Dadurch ist Inhalt außerhalb des Rasters linksbündig gleich ausgerichtet.
- Erstrecken sich Elemente über mehrere Spalten, die innerhalb einer Reihe platziert werden, und überschreiten die Elemente die Grenze von zwölf Spalten, wird die gesamte Gruppe umbrochen.

Der Aufbau der Spaltenklassen ist einfach:

- Die Einleitung beginnt mit .col-.
- Der mittlere Teil bestimmt die Zuständigkeit für Bildschirmbreiten (sm, md, lg, xl) – die Breakpoints.
- Die Zahl am Ende bestimmt die Anzahl der Spalten (1 bis 12).

Wenn Sie die Klasse .col-sm-4 nutzen, können Sie also drei derart dekorierte Elemente nebeneinander anordnen (3 x 4 = 12). Die Breitendefinition gilt, bis sie überschrieben wird. Wenn Sie .col-md-2 nutzen, .col-lg-2 aber nicht, gilt md auch für sehr große Geräte.

Gerätespezifische Definitionen

Kleine Geräte mit weniger als 576 Pixeln werden nicht separat definiert, denn diese Geräteklasse ist bereits der Standardwert. Die Angaben in den Variablen sind folgendermaßen definiert:

- sm: ≥ 576 px
- md: ≥ 768 px
- lg: ≥ 992 px
- xl: ≥ 1.200 px

```
@media (min-width: @screen-sm-min) { ... }
@media (min-width: @screen-md-min) { ... }
@media (min-width: @screen-lg-min) { ... }
```

Aus den Breiten ergeben sich die Dimensionen der zwölf Spalten.

Die Breite des Abstands zwischen den Spalten beträgt 30 Pixel (15 auf jeder Seite). Das Grid darf verschachtelt werden.

Tabelle 2-1: Position der Breakpoints

Symbol	Gerätebreite	Containerbreite	Spaltenbreite
(ohne)	< 544 px	automatisch	automatisch
sm	≥ 544 px	540 px	62 px
md	≥ 768 px	720 px	81 px
lg	≥ 992 px	960 px	97 px
xl	≥ 1.200 px	1.140 px	112 px

Im folgenden Beispiel werden nur md-Klassen benutzt. Diese werden erst ab der Breite von 920 Pixeln gültig. Die div-Elemente werden deshalb auf kleinen Geräten untereinander angeordnet – erst auf Desktops mit ausreichender Breite erscheinen die Elemente nebeneinander.

Beispiel 2-1: Musterraster (Grid.html)

```
<div class="container">
  <div class="row">
    <div class="col-md-1">1</div>
    <div class="col-md-1">2</div>
    <div class="col-md-1">3</div>
    <div class="col-md-1">4</div>
    <div class="col-md-1">5</div>
    <div class="col-md-1">6</div>
    <div class="col-md-1">7</div>
    <div class="col-md-1">8</div>
    <div class="col-md-1">9</div>
    <div class="col-md-1">10</div>
    <div class="col-md-1">11</div>
    <div class="col-md-1">12</div>
  </div>
  <div class="row">
    <div class="col-md-8">1-8</div>
    <div class="col-md-4">9-12</div>
  </div>
  <div class="row">
    <div class="col-md-4">1-4</div>
    <div class="col-md-4">5-8</div>
    <div class="col-md-4">9-12</div>
  </div>
  <div class="row">
```

```
    <div class="col-md-6">1-6</div>
    <div class="col-md-6">7-12</div>
  </div>
</div>
```

Mit ein paar Stilen zum Verdeutlichen der Bereiche sieht das dann folgendermaßen aus:

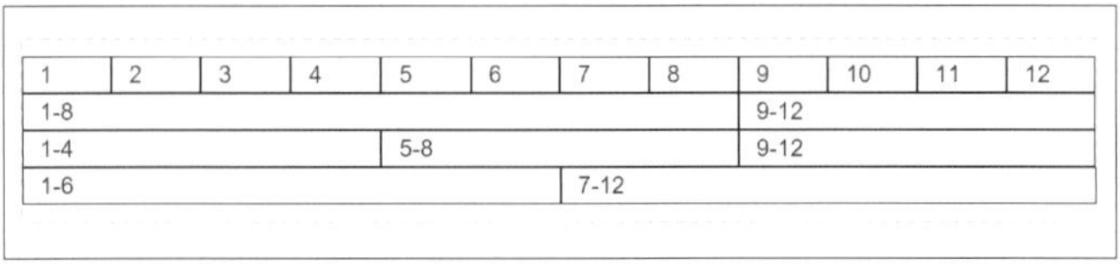

1	2	3	4	5	6	7	8	9	10	11	12
1-8								9-12			
1-4				5-8				9-12			
1-6						7-12					

Abbildung 2-1: Das Rastersystem (Desktop)

Auf einem mobilen Gerät erzeugt derselbe Code folgendes Raster:

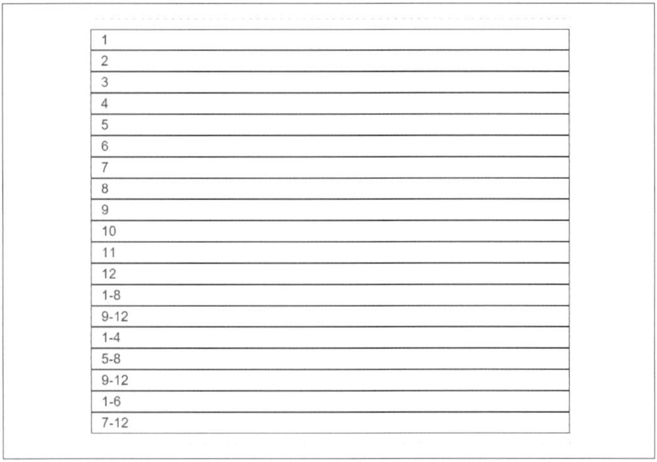

1
2
3
4
5
6
7
8
9
10
11
12
1-8
9-12
1-4
5-8
9-12
1-6
7-12

Abbildung 2-2: Das Rastersystem (mobil)

Nun kann es vorkommen, dass mobile Geräte ausreichend Platz bieten, um zumindest einige Spalten nebeneinander darzustellen. Dazu werden weitere Definitionen mit `.col-sm-`- und `.col-md-`-Klassen hinzugefügt.

Die erste Zeile zeigt, dass auf kleinen Geräten alle zwölf bzw. die ersten sechs Spalten benutzt werden. Wird der Bildschirm größer, werden jedoch nur acht bzw. vier Spalten verwendet (die dann breiter sind). Die zweite Zeile nutzt 50 % des Bildschirms auf kleinen Geräten und 33 % auf großen. Die dritte Reihe nutzt immer 50 % Breite, egal auf welchem Gerät (sm skaliert hoch, wenn keine weitere Definition folgt).

Beispiel 2-2: Musterraster (Grid_sm.html)

```
<div class="row">
   <div class="col-sm-12 col-md-8">12 or 8</div>
   <div class="col-sm-6 col-md-4">6 or 4</div>
</div>

<div class="row">
   <div class="col-sm-6 col-md-4">50% or 33.4%</div>
   <div class="col-sm-6 col-md-4">50% or 33.4%</div>
   <div class="col-sm-6 col-md-4">50% or 33.4%</div>
</div>

<div class="row">
   <div class="col-sm-6">.col-sm-6</div>
   <div class="col-sm-6">.col-sm-6</div>
</div>
```

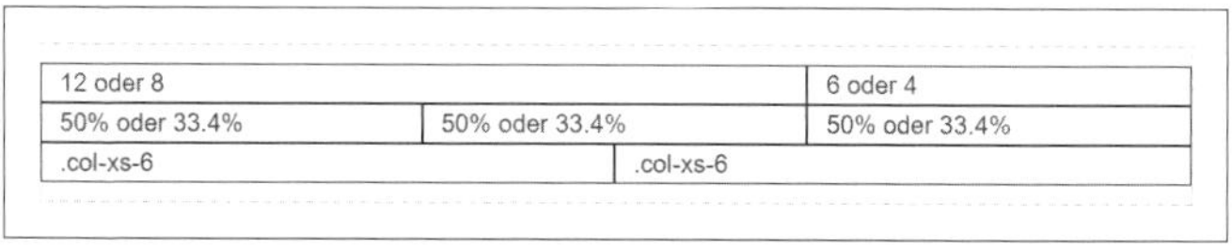

12 oder 8		6 oder 4
50% oder 33.4%	50% oder 33.4%	50% oder 33.4%
.col-xs-6		.col-xs-6

Abbildung 2-3: Variables Rastersystem (Desktop)

Auf einem mobilen Gerät erzeugt derselbe Code folgendes Raster:

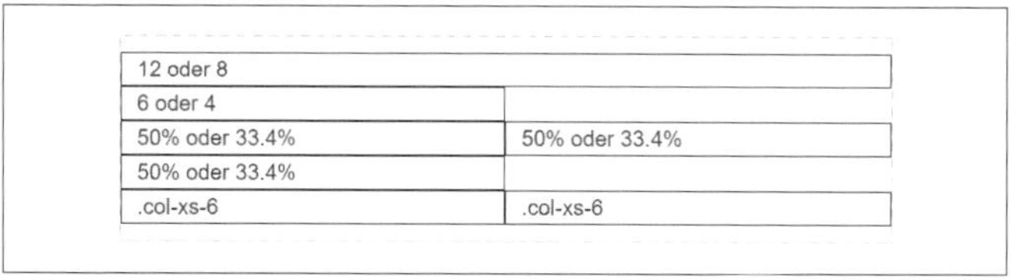

12 oder 8	
6 oder 4	
50% oder 33.4%	50% oder 33.4%
50% oder 33.4%	
.col-xs-6	.col-xs-6

Abbildung 2-4: Variables Rastersystem (mobil)

Werden mehr Klassen verwendet, ist eine weitere Abstufung möglich. Mit der Variante sm werden beispielsweise einige Tablets explizit erreicht.

Beispiel 2-3: Abgestuftes Raster (Grid_Tablet.html)

```
<div class="row">
    <div class="col-sm-12 col-md-6 col-lg-8">
        Klein: 12 Tablet: 6 Groß: 8
    </div>
    <div class="col-sm-6 col-md-4">
        Klein: 6 Groß: 4
    </div>
</div>
<div class="row">
    <div class="col-sm-6 col-md-4">A Klein: 6 Tablet: 4</div>
    <div class="col-sm-6 col-md-4">B Klein: 6 Tablet: 4</div>
    <!-- Optional: Umbruch auf anderer Höhe -->
    <div class="clearfix visible-xs-block"></div>
    <div class="col-sm-6 col-md-4">C Klein: 6 Tablet: 4</div>
</div>
```

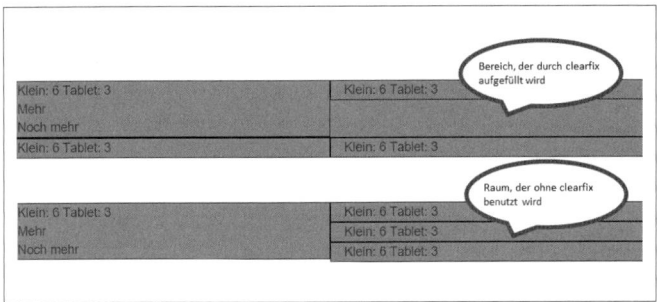

Abbildung 2-5: Tablet (oben) versus Smartphone

Die Grenze von zwölf Spalten ist nicht absolut, und Inhalte werden nie abgeschnitten. Was nicht in das Raster passt, wird einfach auf die nächste virtuelle Zeile verschoben. Elemente, die in einer Spaltendefinition stehen, werden als Ganzes verschoben.

Beispiel 2-4: Musterraster (Grid_Break.html)

```
<div class="row">
    <div class="col-sm-9">9</div>
    <div class="col-sm-4">4<br>Und mehr Inhalt...</div>
    <div class="col-sm-6">6<br>Weitere Spalten danach.</div>
</div>
```

In dieser Reihe werden erst neun Spalten und dann vier angefordert. Das sind 13, und dies entspricht nicht dem Default-Wert von 12 Spalten. Deshalb wird das zweite Element (Zeile 3), das vier Spalten überspannt, auf die nächste Zeile verschoben. Weitere Spalten ordnen sich einfach dahinter an.

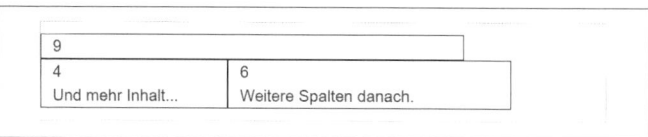

Abbildung 2-6: Umbruch außerhalb des Rasters

Beim Umbrechen der Elemente kann es vorkommen, dass der Inhalt zu unterschiedlichen Höhen führt. Die div-Elemente, die meist zum Einsatz kommen, dehnen sich so weit in der Höhe aus, bis sie die Inhalte komplett aufnehmen können. Zwar können Sie theoretisch ein Clipping – das Abschneiden des Inhalts – nutzen, aber das dürfte in den allermeisten Fällen nicht gewünscht sein. Eine Kombination aus .clearfix und weiteren Hilfsklassen führt eher zum Erfolg.

```
<div class="row">
    <div class="col-sm-6 col-sm-3">
        Klein: 6 Tablet: 3<br />
        Mehr<br />
        Noch mehr
    </div>
    <div class="col-sm-6 col-sm-3">Klein: 6 Tablet: 3</div>
    <div class="clearfix visible-sm-block"></div>
    <div class="col-sm-6 col-sm-3">Klein: 6 Tablet: 3</div>
    <div class="col-sm-6 col-sm-3">Klein: 6 Tablet: 3</div>
</div>
```

Das folgende Bild zeigt den Effekt: oben mit .clearfix, unten ohne.

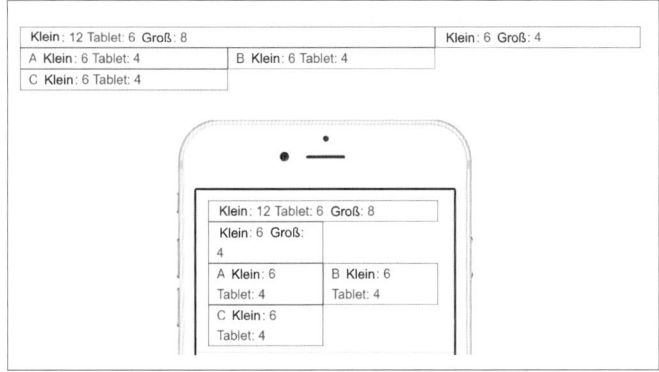

Abbildung 2-7: Berücksichtigung unterschiedlicher Höhen

Auto-Layout

Werden Spalten gleichmäßig verteilt, wird die Klasse col benutzt – ohne weitere Angaben.

Beispiel 2-5: Automatische Spaltenbreiten (Grid_Auto.html)

```
<div class="container">
  <div class="row">
    <div class="col">
      1 of 2
    </div>
    <div class="col">
      2 of 2
    </div>
  </div>
  <div class="row">
    <div class="col">
      1 of 3
    </div>
    <div class="col">
      2 of 3
    </div>
    <div class="col">
      3 of 3
```

```
    </div>
  </div>
</div>
```

Einige Klassen definieren eine feste Spaltenbreite, z.B. 50 px oder 30 %. Der verbleibende Platz wird auf Spalten ohne explizite Angabe (Auto-Klassen) verteilt.

Eine weitere Form ist die Gruppe der Klassen, die auf auto enden: col-md-auto usw.

Ausnutzen der Breite

Um die volle Breite zu nutzen, wird .container-fluid eingesetzt:

```
<div class="container-fluid">
  <div class="row">
    ...
  </div>
</div>
```

Dabei werden der linke und der rechte Rand von jeweils 15 Pixeln so platziert, dass das Element im Container den Raum optimal nutzt.

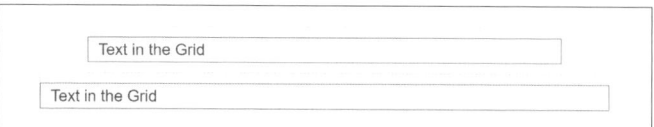

Abbildung 2-8: Normaler Container (oben) und mit "-fluid" (unten)

In den folgenden Beispielen wird das Containerelement nicht explizit aufgeführt, um den Code kompakt zu halten. Sie müssen in der Praxis dennoch ein Containerelement einsetzen.

Offsets – Verschieben der Startspalte

Offsets verschieben den Startpunkt einer Spalte nach rechts. Dabei wird vom jeweils gültigen Punkt ausgegangen. Belegte Spalten verschieben also den Startpunkt bereits, das Offset kommt noch hinzu.

Benutzt werden Klassen, die .col-xx-offset- usw. heißen (xx steht wieder für eine der Basisbreiten der Media-Abfragen).

Beispiel 2-6: Offset nutzen (Grid_Offset.html)
```
<div class="row">
  <div class="col-md-4">4</div>
  <div class="col-md-4 col-md-offset-4">4 + 4</div>
</div>
<div class="row">
  <div class="col-md-3 col-md-offset-3">3 + 3</div>
  <div class="col-md-3 col-md-offset-3">3 + 3</div>
</div>
<div class="row">
  <div class="col-md-6 col-md-offset-3">6 + 3</div>
</div>
```

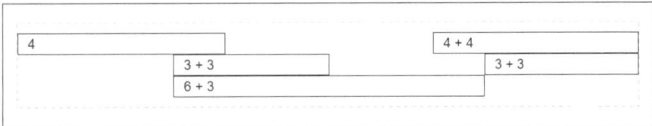

Abbildung 2-9: Elemente in Spalten verschieben

Offsets – relatives Verschieben

Statt mit den bisherigen Offsetklassen werden die jeweils weiter rechts platzierten Elemente mit Verschiebungsanweisungen platziert. Diese sind nicht direkt den Spaltenklassen zuzuordnen, sondern eher allgemeiner Natur.

- .ml-auto: verschiebt nach rechts (Abstand wird links eingefügt)
- .mr-auto: verschiebt nach links (Abstand nach rechts)

Von beiden Klassen existieren die üblichen Varianten mit Umbruchpunkten (.ml-md-auto usw.).

Beispiel 2-7: Offset nutzen (Grid_Offset.html)
```
<div class="row">
  <div class="col-md-4">4</div>
  <div class="col-md-4 ml-auto">4 + 4</div>
</div>
```

```
<div class="row">
  <div class="col-md-3 ml-md-auto">3 + 3</div>
  <div class="col-md-3 ml-md-auto">3 + 3</div>
</div>
<div class="row">
  <div class="col-auto mr-auto"> 4+4 </div>
</div>
```

Spalten verschachteln

Container dürfen nicht verschachtelt werden, bei Zeilen ist das jedoch erlaubt. Damit lassen sich untergeordnete Bereiche erstellen. Solche Bereiche müssen den Elternbereich nicht zwingend ausfüllen, und es müssen auch nicht alle zwölf Spalten benutzt werden.

Beispiel 2-8: Offset nutzen (Grid_Nested.html)

```
<div class="row">
  <div class="col-sm-9">
    Eltern sind: 9 Spalten
    <div class="row">
      <div class="col-sm-8 col-md-6">
        Kind 1: 8 oder 6
      </div>
      <div class="col-sm-4 col-md-6">
        Kind 2: 4 oder 6
      </div>
    </div>
  </div>
</div>
```

Elternbereich: 9 Spalten	
Kind 1: 8 oder 6	Kind 2: 4 oder 6

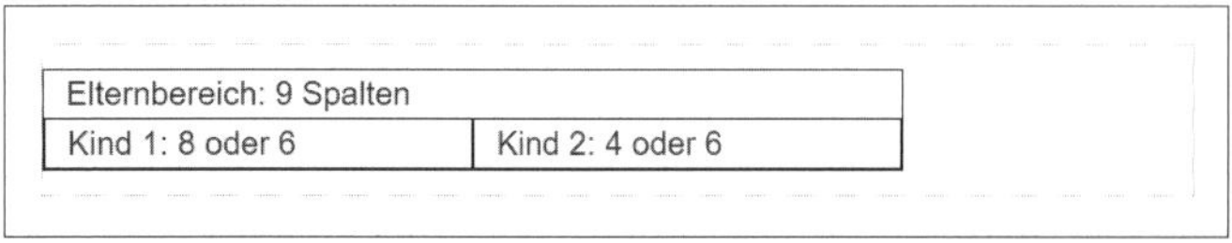

Abbildung 2-10: Verhalten von verschachtelten Spalten

Spalten sortieren

Wenn einzelne Spalten anders als in ihrer natürlichen Reihenfolge platziert werden müssen, können Klassen der Art .order- oder .order-md- benutzt werden.

Beispiel 2-9: Sortierte Spalten (Grid_Sorted.html)

```
<div class="row">
  <div class="col order-3">9 + 3 rechts</div>
  <div class="col order-9">3 + 9 links</div>
</div>
```

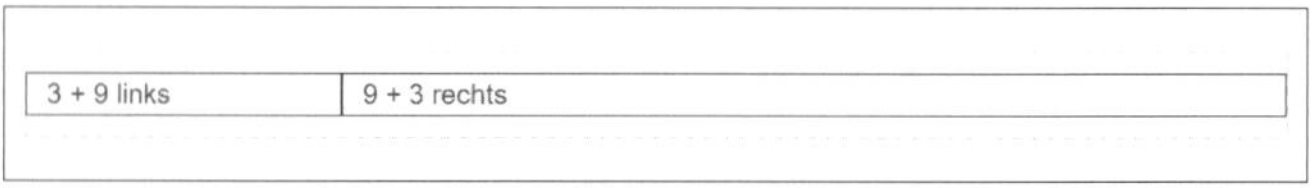

| 3 + 9 links | 9 + 3 rechts |

Abbildung 2-11: Sortierung in der Desktop-Darstellung

Die Sortierung ist voll responsiv für alle Bereiche wie z. B. Rasterbreiten verfügbar.

Das Flex-Raster

Das wiederholte Angeben eines festen Rasters ist unter Umständen lästig, wenn Sie immer gleiche Rasterbreiten benötigen. Aus diesem Grund wurde mit Bootstrap 4 ein weiteres Rasterprinzip eingeführt, bei dem die Spalten gleichmäßig verteilt werden, ohne dass eine Angabe der Spaltenbreite erfolgt.

Vorbereitung

Das Flex-Raster ergänzt das Standardraster und ändert dessen Verhalten teilweise. Sie brauchen deshalb eine andere CSS-Datei. Laden Sie statt der üblichen *bootstrap.css* nun die Datei *bootstrap-flex.css* (bzw. die entsprechende Min-Variante). Die normalen Spaltenklassen sind aber weiter anwendbar.

Gleichverteilte Spalten

Das gleichmäßige Verteilen führt dazu, dass die Spaltenpositionen nicht mehr an einem festen Punkt ausgerichtet sind. Wenn Sie drei Spalten benutzen, nimmt jede genau 33,33 % des Bildschirms ein, egal wie viele konkrete Pixel das dann sind.

Der Klassenname für einfache Spalten ist .col-xx, wobei xx der Platzhalter für die Umbruchpunkte ist, also sm, md, lg und xl.

Beispiel 2-10: Verteilte Spalten (Grid_Flex.html)

```
<div class="container">
  <div class="row">
    <div class="col-sm">.col-sm <br> 1 von 3 (33%)</div>
    <div class="col-sm">.col-sm <br> 1 von 3 (33%)</div>
    <div class="col-sm">.col-sm <br> 1 von 3 (33%)</div>
  </div>
  <div class="row">
    <div class="col-sm">.col-sm <br> 1 von 1 (100%)</div>
  </div>
  <div class="row">
    <div class="col-sm">.col-sm <br> 1 von 2 (50%)</div>
    <div class="col-sm">.col-sm <br> 1 von 2 (50%)</div>
  </div>
  <div class="row">
    <div class="col-sm-8">.col-sm-8 <br>
      Fest 8 von 12 (66%), die anderen Spalten in
      der Reihe teilen sich die restlichen 4 (33%)
    </div>
    <div class="col-sm">.col-sm</div>
    <div class="col-sm">.col-sm</div>
  </div>
</div>
```

Wird nun eine traditionelle Rasterspalte verwendet, nimmt diese den für sie festgelegten Platz ein, und die flexiblen Spalten teilen sich den Rest.

Die Höhe der Spalten ist immer gleich, ein Box-spezifisches[1] Verhalten gibt es hier nicht. Die finale Höhe der Reihe wird von der höchsten Spalte bestimmt. Sehen Sie sich dazu auch den Abschnitt *Vertikale Verteilungsoptionen* weiter unten an.

---

1 Weitere Erläuterungen zum CSS-Box-Modell finden Sie hier: *https://www.joergkrause.de/css-basics*

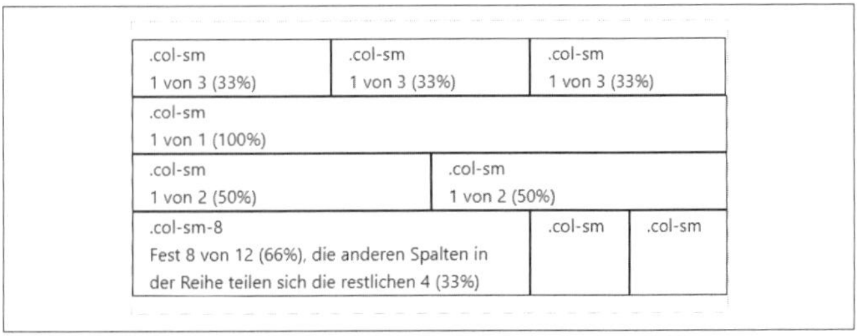

.col-sm	.col-sm	.col-sm
1 von 3 (33%)	1 von 3 (33%)	1 von 3 (33%)
.col-sm 1 von 1 (100%)		
.col-sm 1 von 2 (50%)	.col-sm 1 von 2 (50%)	
.col-sm-8 Fest 8 von 12 (66%), die anderen Spalten in der Reihe teilen sich die restlichen 4 (33%)	.col-sm	.col-sm

Abbildung 2-12: Optionen für die Verteilung

Horizontale Verteilungsoptionen

Statt einfach nur Spalten aneinanderzureihen, können Sie auch einzelne Blöcke verteilen. Die Breite der Blöcke wird mit den üblichen .col-<xx>-n</xx>-Klassen bestimmt. Dies erfolgt nach einfachen Kriterien mittels spezieller Klassen, die für die jeweilige Zeile angegeben werden (<xx> ist ein Platzhalter für xs, sm, md oder lg):

- flex-items-<xx>-left: links
- flex-items-<xx>-center: zentriert
- flex-items-<xx>-right: rechts
- flex-items-<xx>-around: gleichmäßige Abstände links und rechts
- flex-items-<xx>-between: Abstand dazwischen

Beispiel 2-11: Horizontal verteilte Spalten (Grid_FlexDist.html)

```
<div class="container">
  <div class="d-flex justify-content-start sample-row">
    <div class="col-xs">Links (Start)</div>
    <div class="col-xs">Links (Start)</div>
  </div>
  <div class="d-flex justify-content-center sample-row">
    <div class="col-xs">Mitte</div>
    <div class="col-xs">Mitte</div>
  </div>
  <div class="d-flex justify-content-end sample-row">
    <div class="col-xs">Rechts (Ende)</div>
    <div class="col-xs">Rechts (Ende)</div>
  </div>
  <div class="d-flex justify-content-around sample-row">
```

```
      <div class="col-xs-4">Drumherum</div>
      <div class="col-xs-4">Drumherum</div>
    </div>
    <div class="d-flex justify-content-between sample-row">
      <div class="col-xs-4">Zwischen</div>
      <div class="col-xs-4">Zwischen</div>
    </div>
  </div>
```

```
flex-items-xs-left
                        flex-items-xs-center
                                        flex-items-xs-right
          flex-items-xs-around           flex-items-xs-around
flex-items-xs-between                               flex-items-xs-between
Responsive alignment:
flex-items-xs-right
flex-items-sm-left
```

Abbildung 2-13: Optionen für die Verteilung

Vertikale Verteilungsoptionen

Die Höhe der Reihe wird von der höchsten Box bestimmt. Die anderen können sich aber danach ausrichten. Dies sind die vertikalen Verteilungsoptionen (<xx> ist ein Platzhalter für xs, sm, md oder lg):

- flex-items-<xx>-bottom: Unten
- flex-items-<xx>-middle: Mitte
- flex-items-<xx>-top: Oben

Beispiel 2-12: Vertikal verteilte Spalten (Grid_FlexDistV.html)

```
<div class="container">
  <div class="row flex-items-sm-middle">
    <div class="col-sm">Reihe: flex-items-sm-middle</div>
  </div>
  <div class="row flex-items-sm-bottom">
    <div class="col-sm">Reihe: flex-items-sm-bottom</div>
  </div>
  <div class="row flex-items-sm-top">
    <div class="col-sm">Reihe: flex-items-sm-top</div>
  </div>
```

```
<div class="row">
  <div class="col-sm flex-sm-top">Spalte: flex-sm-top</div>
  <div class="col-sm flex-sm-middle">Spalte: flex-sm-middle
  </div>
  <div class="col-sm flex-sm-bottom">Spalte: flex-sm-bottom
  </div>
</div>
</div>
```

Die Abbildung zeigt den Effekt. Damit die Höhe abweicht, wurde dazu aber die Höhe der Zeile manipuliert. Folgender Stil wurde für den Screenshot benutzt:

```
.row {
  height: 100px;
  background-color: lightblue;
  margin: 5px 0 0 0;
}
```

Sind die Werte unverändert (.row wird wie zuvor benutzt), wirkt sich die Platzierung nicht aus.

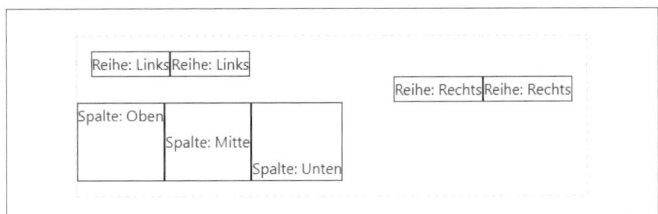

Abbildung 2-14: Optionen für Verteilung

Sortieroptionen

Die Sortierung ist ebenfalls möglich und auch verhältnismäßig flexibel (<xx> ist ein Platzhalter für xs, sm, md oder lg):

- flex-<xx>-first: An den Anfang
- flex-<xx>-unordered: Unbestimmt (gleichverteilt wie definiert)
- flex-<xx>-last: An das Ende

Beispiel 2-13: Vertikal verteilte Spalten (Grid_FlexSort.html)

```
<div class="container">
  <div class="row">
    <div class="col-sm flex-sm-last">
      1. im Markup <br>
      Letzter im Layout <br>
      flex-sm-last
    </div>
    <div class="col-sm flex-sm-first">
      2. im Markup <br>
      Erster im Layout <br>
      flex-sm-first
    </div>
    <div class="col-sm flex-sm-unordered">
      3. im Markup <br>
      Unbestimmt im Layout <br>
      flex-sm-unordered
    </div>
  </div>
  <div class="row">
    <div class="col-sm flex-sm-last flex-md-first" id="blue">
      flex-sm-last <br>
      flex-md-first <br>
      Letzter für sm-Breite <br>
      Erster in md und mehr
    </div>
    <div class="col-sm flex-sm-first flex-md-last" id="red">
      flex-sm-first <br>
      flex-md-last <br>
      Erster auf sm-Breite <br>
      Letzter bei md und mehr
    </div>
  </div>
</div>
```

Der Effekt wird am besten sichtbar, wenn Sie die Breite des Browsers verändern. Dann tauschen die beiden Spalten der zweiten Reihe ihre Position. Probieren Sie *Grid_FlexSort.html* dazu aus.

KAPITEL 3
Typografie

Bootstrap bestimmt für einige Elemente in HTML grundlegend die Art der Anzeige, der Typografie und der Farbe. Im Vergleich zum klassischen Begriff der Typografie, der Schrift, Schriftform, Gestaltung und Druckmaterial umfasst, ist Bootstrap jedoch recht bescheiden in den Möglichkeiten. Konkret geregelt sind:

- Die Hintergrundfarbe der Seite ist Weiß: background-color: #fff.
- In den SASS-Dateien sind die folgenden Variablen für die grundlegende Gestaltung zuständig:
  - $font-family-base
  - $font-size-base
  - $line-height-base
- Hyperlinks werden als wichtige Elemente von Webseiten mit folgenden Variablen bestimmt:
  - $link-color
  - Links sollen unterstrichen werden, wenn sich der Mauszeiger über ihnen befindet: (:hover).

Die Variablen sind in der Datei *_variables.scss* zu finden. Für die Fonts sieht das beispielsweise folgendermaßen aus:

```
$font-family-sans-serif:
  -apple-system, BlinkMacSystemFont, "Segoe UI", Roboto,
"Helvetica Neue", Arial, sans-serif !default;
$font-family-serif:
  Georgia, "Times New Roman", Times, serif !default;
$font-family-monospace:
  Menlo, Monaco, Consolas, "Liberation Mono", "Courier New",
```

```
monospace !default;
$font-family-base:
  $font-family-sans-serif !default;
```

Überschriften

Alle Überschriften von <h1> bis <h6> werden direkt unterstützt. Sie müssen keine weiteren Klassen einsetzen. Möchten Sie jedoch in Ihrem Fließtext dieselbe Schriftgröße wie in einer Überschrift verwenden, stehen dafür die Klassen .h1 bis .h6 zur Verfügung.

- .h1: halbfett 40 px (Basis x 2,5 rem)
- .h2: halbfett 32 px (Basis x 2,0 rem)
- .h3: halbfett 28 px (Basis x 1,75 rem)
- .h4: halbfett 24 px (Basis x 1,5 rem)
- .h5: halbfett 20 px (Basis x 1,25 rem)
- .h6: halbfett 16 px (Standardgröße, dies ist die Kalkulationsbasis)

Der folgende Code-Ausschnitt zeigt die Anwendung der Überschriften:

```
<h1>h1. Bootstrap Überschrift</h1>
<h2>h2. Bootstrap Überschrift</h2>
<h3>h3. Bootstrap Überschrift</h3>
<h4>h4. Bootstrap Überschrift</h4>
<h5>h5. Bootstrap Überschrift</h5>
<h6>h6. Bootstrap Überschrift</h6>
```

Um ein leichteres (kleineres, helleres) Erscheinungsbild zu erhalten, wird <small> oder .small benutzt.

```
print "Hello World"
```

Beispiel 3-1: Überschriften (Typo_Heading.html)

```
<h1>h1. Bootstrap Überschrift <small>Zusatztext</small></h1>
<h2>h2. Bootstrap Überschrift <small>Zusatztext</small></h2>
<h3>h3. Bootstrap Überschrift <small>Zusatztext</small></h3>
<h4>h4. Bootstrap Überschrift <small>Zusatztext</small></h4>
<h5>h5. Bootstrap Überschrift <small>Zusatztext</small></h5>
<h6>h6. Bootstrap Überschrift <small>Zusatztext</small></h6>
```

> h1. **Bootstrap Überschrift** Zusatztext
>
> h2. **Bootstrap Überschrift** Zusatztext
>
> h3. **Bootstrap Überschrift** Zusatztext
>
> h4. **Bootstrap Überschrift** Zusatztext
>
> h5. **Bootstrap Überschrift** Zusatztext
>
> h6. **Bootstrap Überschrift** Zusatztext

Abbildung 3-1: Standardansicht der Überschriften

Text und Textelemente

Für Text und Textelemente werden die üblichen HTML-Elemente weitgehend ohne Erweiterungen verwendet, ergänzt durch einige Klassen für spezielle Effekte.

Basisschrift

Der Standardfont für den Text hat eine Größe von 16 Pixeln. Als Zeilenhöhe wird 1.5 benutzt. Abschnitte, die mit <p> erstellt werden, erhalten zusätzlich einen unteren Abstand in der halben Zeilenhöhe, also von ca. 10 Pixeln.

Um einen Abschnitt herauszuheben, wird die Klasse .lead verwendet.

Beispiel 3-2: Absatzarten (Typo_Para.html)

```
<p class="lead">Wichtiger Absatz...</p>
<p>Standardabsatz</p>
```

> Wichtiger Absatz...
>
> Standardabsatz

Abbildung 3-2: Absatzvarianten

Textelemente

Textelemente dienen der Auszeichnung von Teilen des Fließtexts. Dies erfolgt weitgehend durch HTML und ohne weitere Klassen. Außerdem sind Elemente für die semantische Stärkung des Inhalts zuständig. Die folgenden Textelemente werden explizit unterstützt:

- `<mark></mark>`: Damit wird Text hervorgehoben (wie mit einem Textmarker), um die Relevanz zu betonen.
- `<del></del>`: Damit wird angezeigt, dass ein Textteil gelöscht wurde. Dies wird durch ein Durchstreichen deutlich gemacht.
- `<s></s>`: Damit wird angezeigt, dass ein Textteil nicht mehr relevant ist.
- `<ins></ins>`: Dieses Tag zeigt an, dass der Textteil hinzugefügt wurde. Damit kann einem Benutzer die letzte Änderung an einem Text signalisiert werden.
- `<u></u>`: Dieses Tag zeigt an, dass der Textteil Zusatzinformationen zum Text liefert. Das wird durch Unterstreichen verdeutlicht.
- `<em></em>`: Betont einen Textteil, um dessen Bedeutung hervorzuheben.

Des Weiteren passt `<small></small>` in diese Kategorie, allerdings hat es einen geringeren semantischen Bezug. Die dadurch erreichte etwas »leichtere« Darstellung wird durch eine Verringerung der Fontgröße auf 85 % erreicht. Um eine Verstärkung zu erreichen, sollten Sie `<strong></strong>` benutzen.

Unterstützt werden weiterhin die semantischen Elemente `<b></b>` und `<i></i>`. Sie erzielen im Text ein Darstellungsergebnis wie `<strong></strong>` und `<em></em>`. Allerdings wird `<i></i>` manchmal auch für Symbole (Icons) benutzt, die keinen Text enthalten und deshalb das durch kursive Schrift angezeigte Verhalten ignorieren, dem Element damit aber eine gewisse semantische Bedeutung geben. Das Verhalten und die Interpretation sind allerdings nicht standardkonform. Es handelt sich eher um eine stilistische Maßnahme.

Einige Elemente sind weitaus stärker semantisch geprägt.

- `<abbr title="Abkürzung">Abk.</abbr>`: Dieses Element kennzeichnet Abkürzungen. Das Attribut `title` ist erforderlich. Das Element wird mit einer gestrichelten Unterlinie gezeichnet und zeigt den Titel an, wenn der Mauszeiger darüber schwebt. Zusätzlich kann mit der Klasse `.initialism` der Font etwas reduziert werden, um weniger störend im Text zu wirken.

  ```
  <abbr title="HyperText Markup Language"
      class="initialism">HTML</abbr>
  ```

- `<kbd></kbd>`: Dieses Element dient dazu, auf Tasten einer Computertastatur zu verweisen (`<kbd>F12</kbd>`).

Mit <mark> wird Text hervorgehoben (wie mit einem Textmarker), um die Relevanz zu betonen.

Mit <del> wird angezeigt, dass ein Textteil gelöscht wurde. Dies wird ein Durchstreichen angezeigt.

Mit <s> wird angezeigt, dass ein Textteil nicht mehr relevant ist.

<ins> zeigt an, dass der Textteil hinzugefügt wurde. Damit kann einem Benutzer die letzte Änderung signalisiert werden.

<u> zeigt an, dass der Textteil Zusatzinformationen zum Text liefert. Dies wird durch Unterstreichen angezeigt.

Mit <em> *betont einen Textteil*, um dessen Bedeutung hervorzuheben.

Des weiteren passt auch <small> in diese Kategorie, allerdings mit geringerem semantischen Bezug. Die dadurch erreichte, etwas "leichtere" Darstellung wird durch eine Verringerung der Fontgröße auf 85% erreicht. Um eine **Verstärkung zu erreichen, wird <strong>** benutzt.

Unterstützt werden auch die nicht-semantischen Elemente **Fett** (<b>) und *Kursiv* (<i>).

Eine Abkürzung sieht so aus: Abk.

Nun drücken Sie noch `ENTER` oder `F12`

Abbildung 3-3: Semantische Elemente im Text

Elemente für Textblöcke

Adressen können leichter erkannt werden, wenn das Element `<address></address>` benutzt wird. Dieses Element formatiert nicht. Wenn die Formatierung erhalten bleiben soll, sind zusätzliche Zeilenumbrüche mit `<br/>` erforderlich:

Beispiel 3-3: Darstellung einer Adresse (Typo_Address.html)

```
<address>
  <strong>Twitter, Inc.</strong><br>
  795 Folsom Ave, Suite 600<br>
  San Francisco, CA 94107<br>
  <abbr title="Phone">P:</abbr> (123) 456-7890
</address>
```

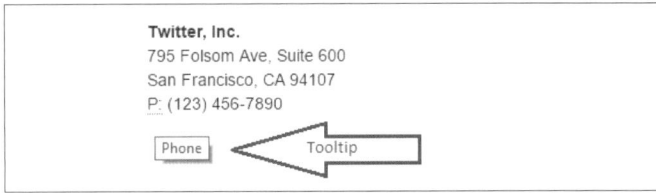

Abbildung 3-4: Adresse mit Tooltipp für die Abkürzung

```
<address>
  <strong>Full Name</strong><br>
  <a href="mailto:#">first.last@example.com</a>
</address>
```

Zitate (<blockquote>) haben ebenfalls eine semantische Bedeutung und heben einen Text hervor, der anderen Text referenziert. Da das Element <blockquote> häufig genutzt wird, kann der Eingriff durch Bootstrap das Layout stören und deshalb wird der Effekt mit einer zusätzlichen Klasse .blockquote abgesichert.

```
<blockquote class="blockquote">
  <p>Node.js ist eine moderne Programmierumgebung.</p>
</blockquote>
```

Der referenzierte Text kann dann mit <cite></cite> hervorgehoben werden. Das Element <footer></footer> eignet sich, um die Quelle anzugeben:

Beispiel 3-4: Zitate (Typo_Blockquote.html)

```
<blockquote class="blockquote">
    <p>Node.js ist eine moderne Programmierumgebung.</p>
    <footer class="blockquote-footer">
       Gefunden in
       <cite title="Node.js">Node.js</cite>
    </footer>
</blockquote>
```

Abbildung 3-5: Zitate

Auf manchen Bildschirmen sind Zitate nicht sofort erkennbar. Werden sie rechts ausgerichtet, kann das durch die Platzierung rechts deutlicher werden. Dazu dient die Klasse `.blockquote-reverse`:

```
<blockquote class="blockquote-reverse">
   ...
</blockquote>
```

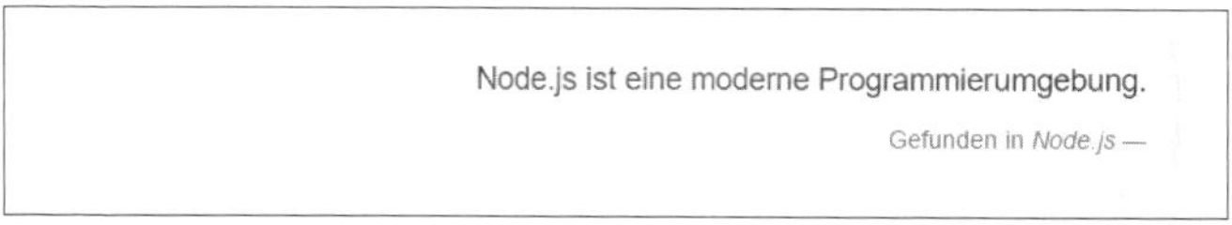

> Node.js ist eine moderne Programmierumgebung.
>
> Gefunden in *Node.js* —

Abbildung 3-6: Rechts ausgerichtetes Zitat

Vielfach wird Code auf Webseiten erklärt. Dieser passt am besten in `<code></code>`, wenn er in einer Zeile steht, und in `<pre></pre>`, wenn die Formatierung über mehrere Zeilen hinweg erhalten bleiben soll. Wird im Fließtext auf Variablen hingewiesen, eignet sich `<var></var>`. Dieses Element ist zugleich hilfreich bei mathematischen Formeln:

Beispiel 3-5: Formeln (Typo_Var.html)

```
<var>f(x)</var> = <var>m</var><var>x</var> + <var>b</var>
```

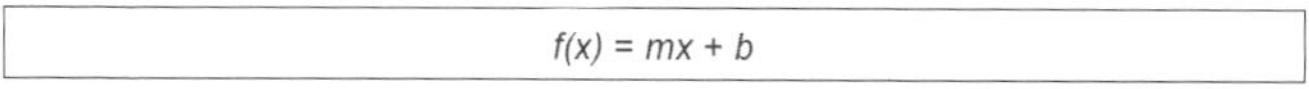

$f(x) = mx + b$

Abbildung 3-7: Darstellung von Variablen oder Formeln

Will man Ausgaben beispielhaft erklären, ist `<samp></samp>` das richtige Element.

Ausrichtung

Die Ausrichtung von Text ist rein gestalterischer Natur.

- `text-left`: links ausgerichtet
- `text-center`: Text wird zentriert
- `text-right`: rechts ausgerichtet
- `text-justify`: Blocksatz
- `text-nowrap`: Verhindern des Umbruchs

Hinzu kommen Ausrichtungsvarianten, die nur für bestimmte Viewports gültig sind:

- `text-xs-left`: links ausgerichtet, wenn der Viewport xs ist
- `text-xs-center`: Text wird zentriert, wenn der Viewport xs ist
- `text-xs-right`: rechts ausgerichtet, wenn der Viewport xs ist

Die gilt analog für sm, md, lg und das neue xl.

Beispiel 3-6: Ausrichtung von Text (Typo_TextAlign.html)

```
<p class="text-left">Links ausgerichtet.</p>
<p class="text-center">Text wird zentriert.</p>
<p class="text-right">Rechts ausgerichtet.</p>
<p class="text-justify">Blocksatz heißt ...</p>
<p class="text-nowrap">Verhinderung des Umbruchs, ...</p>
```

> Links ausgerichtet.
>
> Text wird zentriert.
>
> Rechts ausgerichtet.
>
> Blocksatz heißt, dass die Wörter so verteilt werden, dass links und rechts alles bündig steht.
>
> Vehinderung des Umbruchs, was vor allem bei langen Texten gut ist.

Abbildung 3-8: Ausrichtung von Text

Blocksatz

Blocksatz (justify) ist auf Bildschirmen aufgrund der mangelnden Unterstützung von Silbentrennung generell keine gute Idee. Wenn es sein muss, sollte die Breite der Spalte mindestens zehn Wörter aufnehmen können, sonst werden die Abstände zwischen den Wörtern zu groß. Geht auch das nicht und ist der Text beherrschbar, kann dem Browser mit der Entität ­ (soft hyphen) mitgeteilt werden, an welchen Stellen ein Wort bei Bedarf getrennt werden darf. Die Trennzeichen erscheinen nur dann, wenn der Umbruch vorgenommen werden muss.

Transformationen

Transformationen wandeln Text von Klein- in Großschreibung um und umgekehrt.

- `text-lowercase`: Umwandlung in Kleinbuchstaben
- `text-uppercase`: Umwandlung in Großbuchstaben
- `text-capitalize`: erster Buchstaben eines jeden Worts wird großgeschrieben
- `text-weight-bold`: fett ohne explizites Tag
- `text-weight-normal`: normal trotz Tag
- `text-italics`: kursiv ohne explizites Tag

Beispiel 3-7: Transformationen (Typo_TextTransform.html)

```
<p class="text-lowercase">Kleinbuchstaben</p>
<p class="text-uppercase">Großbuchstaben</p>
<p class="text-capitalize">der Titel</p>
```

```
kleinbuchstaben

GROSSBUCHSTABEN

Der Titel
```

Abbildung 3-9: Transformation von Text

Listen

Es gibt zwei Arten von Listen: mit und ohne bestimmte Reihenfolge. Die ohne Reihenfolge werden in HTML durch Aufzählungszeichen dargestellt (Bullet Points). In Bootstrap können Sie auf diese Symbole verzichten.

```
<ul>
  <li>...</li>
</ul>
```

Listen mit Reihenfolge benennen die Elemente mit fortlaufenden Zahlen, Buchstaben oder römischen Ziffern:

```
<ol>
  <li>...</li>
</ol>
```

Wird der standardmäßig benutzte Stil – mit Symbolen – nicht benötigt, lässt er sich mit .list-unstyled entfernen. Das wirkt nur auf die unmittelbaren Elemente, nicht auf tiefere Verschachtelungsebenen. Beachten Sie hier zudem, dass der Wegfall der Symbole dazu führt, dass die Elemente nicht mehr eingerückt sind. Dies muss gegebenenfalls durch einen Abstand ausgeglichen werden.

```
<ul class="list-unstyled">
  <li>...</li>
</ul>
```

Menüs werden in der Regel als ungeordnete HTML-Listen definiert. Die tatsächliche Darstellung wird üblicherweise per CSS vorgenommen. Der Vorteil gegenüber Tabellen oder Definitionslisten ist die besonders kompakte Schreibweise – viel weniger als zwei Zeichen pro Element ist kaum möglich. Die Klasse .list-inline ist dann erforderlich ebenso wie .list-inline-item auf den Elementen selbst, um diese horizontal anzuordnen:

```
<ul class="list-inline">
  <li class="list-inline-item">...</li>
</ul>
```

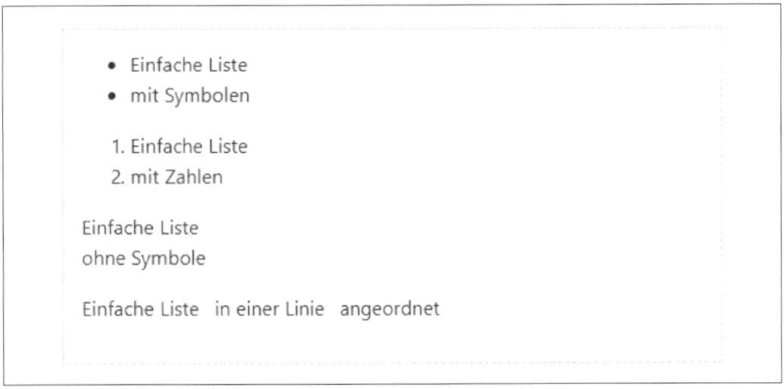

- Einfache Liste
- mit Symbolen

1. Einfache Liste
2. mit Zahlen

Einfache Liste
ohne Symbole

Einfache Liste   in einer Linie   angeordnet

Abbildung 3-10: Listen

Bei komplexeren Inhalten sind Definitionslisten möglicherweise besser geeignet. Hier werden jeweils zwei Bausteine pro Eintrag benutzt – der Begriff (*definition term*, <dt></dt>) und die Beschreibung (*definition description*, <dd></dd>).

Beispiel 3-8: Listendefinitionen (Typo_Definition.html)

```
<dl>
    <dt>HTML</dt>
    <dd>Hypertext Markup Language</dd>
    <dt>CSS</dt>
    <dd>Cascading Style Sheets</dd>
</dl>
```

Wie bei den einfachen Listen lassen sich auch hier die Elemente horizontal anordnen, wobei jeweils das linke <dt>-Element rechts ausgerichtet ist und das rechte <dd>-Element dann linksbündig. Nutzen Sie hier die Klasse .row und dann die .col-xx-n-Klassen, um die Breiten festzulegen.

```
<dl class="row">
    <dt class="col-md-3">Name</dt>
    <dd class="col-md-4">Anton Muller</dd>
    <dt class="col-md-3">Address</dt>
    <dd class="col-md-4">NYC</dd>
</dl>
```

Die <dl>-Abschnitte stehen immer untereinander. Begriffe, die nicht in den Anzeigebereich passen, werden abgeschnitten.

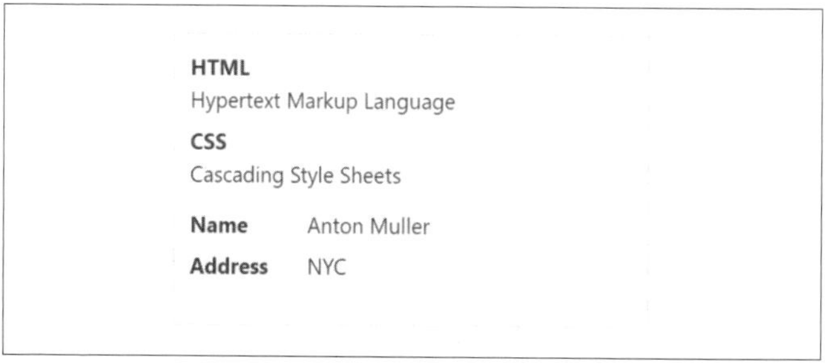

Abbildung 3-11: Anordnung mit zwei Einträgen (vertikal oben, horizontal unten)

Tabellen

In der Erläuterung zum Raster wurde bereits kritisch angemerkt, dass sich Tabellen nicht eignen, um responsive Seiten zu bauen. Dennoch ist es sinnvoll, Tabellen zum Sortieren und Auflisten von Daten zu benutzen. Die Breite der Tabelle muss nur den Kriterien des Rasters genügen. Eine Platzierung außerhalb des Rasters ist natürlich auch möglich. In diesem Fall bietet Bootstrap einige Stile zur verbesserten Darstellung. Für responsive Umgebungen werden Tabellen mit horizontalem Scrollen angeboten. Freilich ist das nur eine Notlösung – wirklich responsive sind Tabellen nicht.

Stile für Tabellen

Tabellen selbst haben ein natives Element in HTML. Dennoch setzt Bootstrap auf die Klasse .table. Dies liegt daran, dass Tabellen auch von vielen anderen Bibliotheken und Plug-ins benutzt werden, beispielsweise für Kalender. Damit sie durch Bootstrap nicht versehentlich verändert werden, wird diese zusätzliche Klasse eingesetzt:

```
<table class="table">
   ...
</table>
```

Tabellen bestehen aus drei Elementen: Kopf (<thead></thead>), Inhalt (<tbody></tbody>) und Fuß (<tfoot></tfoot>). Die Darstellung langer Tabellen kann sehr unübersichtlich werden. Die Lesbarkeit wird durch wechselnde Hintergrundfarben deutlich erhöht – Zebrastreifeneffekt genannt. Erreichen können Sie das mit der Klasse .table-striped:

```
<table class="table table-striped">
   ...
</table>
```

Mit .table-bordered steht ein weiterer Stil zur Verfügung, der Rahmen um alle Zellen zeichnet:

```
<table class="table table-bordered">
   ...
</table>
```

Interaktiver ist .table-hover, womit Mauseffekte möglich sind, wenn sich der Mauszeiger über einer bestimmten Zeile befindet.

```
<table class="table table-hover">
   ...
</table>
```

Wird der Platz knapp, können die standardmäßig genutzten Abstände mit .table-condensed verringert werden. Konkret erfolgt eine Reduzierung um 50 %.

Beispiel 3-9: Komplette Tabelle (Typo_Table.html)

```
<table class="table table-bordered table-condensed table-striped">
   <thead>
   <tr>
      <th>Name</th>
      <th>Aktion</th>
   </tr>
   </thead>
   <tbody>
   <tr>
      <td>Anton Müller</td>
      <td>Bearbeiten | Löschen</td>
   </tr>
   <tr>
      <td>Bernd Mustermann</td>
      <td>Bearbeiten| Löschen</td>
   </tr>
   <tr>
      <td>Berta Beispiel</td>
      <td>Bearbeiten| Löschen</td>
   </tr>
   </tbody>
   <tfoot>
   <tr>
      <td colspan="2" class="text-md-right">2</td>
   </tr>
   </tfoot>
</table>
```

Spalten

Tabellen kennen auch spaltenweise Definitionen mit <colgroup><col><col></colgroup>-Elementen. Diese werden nicht explizit von Bootstrap unterstützt.

Name	Aktion
Anton Müller	Bearbeiten | Löschen
Bernd Mustermann	Bearbeiten | Löschen
Berta Beispiel	Bearbeiten | Löschen
	2

Abbildung 3-12: Kompakte Darstellung, farblich wechselnde Zeilen, mit Kopf- und Fußbereich

Um vergleichbare Effekte zu erzielen, könnte folgender CSS-Code dienen (die Farben sind Beispiele, siehe dazu auch die Datei *Typo_Table_Cols.html*):

```
colgroup col.success {
  background-color: #dff0d8;
}
colgroup col.error {
  background-color: #f2dede;
}
colgroup col.warning {
  background-color: #fcf8e3;
}
colgroup col.info {
  background-color: #d9edf7;
}
```

Das Beispiel nutzt die Kontextklassen, die folgendermaßen wirken:

- .active: Mauseffekt für Reihen oder Zellen
- .success: positiv oder Erfolg (grün)
- .info: Information oder Aktion (hellblau)
- .warning: Warnung oder Achtungssignal (orange)
- .danger: negativ oder Gefahr (rot)

```
<!-- Reihen -->
<tr class="active">...</tr>
<tr class="success">...</tr>
<tr class="warning">...</tr>
<tr class="danger">...</tr>
<tr class="info">...</tr>
```

```
<!-- Zellen (td oder th) -->
<tr>
  <td class="active">...</td>
  <td class="success">...</td>
  <td class="warning">...</td>
  <td class="danger">...</td>
  <td class="info">...</td>
</tr>
```

Im Kopf der Tabelle wird dann noch auf die Spaltenelemente eingegangen:

Beispiel 3-10: Komplette Tabelle (Typo_Table_Cols.html)

```
<table class="table table-bordered table-condensed">
   <colgroup>
     <col class="success" />
     <col class="warning" />
   </colgroup>
   ...
```

Abbildung 3-13: Tabelle mit Spaltendefinitionen

Beachten Sie hierbei noch, dass die Spaltenstile mit .table-striped kollidieren. Vermeiden Sie .table-striped, wenn Sie spaltenweise Farbvariationen vornehmen.

Lesbarkeit für Screenreader

Wird eine Seite barrierefrei aufgebaut, haben die Kontextklassen keine Bedeutung. Die möglicherweise wichtige Information, die sich aus der Farbwahl ergibt, geht verloren. Wenn Sie deshalb zusätzliche Elemente einbauen, können Sie diese mit .sr-only unsichtbar machen. Screenreader werden diese Elemente dennoch vorlesen.

Spezielle Tabellenklassen

Die Klassen `.table-inverse` und `.thead-inverse` dienen dem Invertieren der Schriftfarbe.

Beispiel 3-11: Invertierte Tabelle (Table_Inverse.html)

```html
<table class="table table-inverse" >
        <thead>
          <tr>
            <th>Code</th>
            <th>Firma</th>
            <th>Preis</th>
            <th>Änderung</th>
            <th>In %</th>
            <th>Eröffnung</th>
            <th>Höchster</th>
            <th>Niedrigster</th>
            <th>Volumen</th>
          </tr>
        </thead>
        <tbody>
          <tr>
            <td>MSC</td>
            <td>APP</td>
    ...
```

Code	Firma	Preis	Änderung	In %	Eröffnung	Höchster	Niedrigster	Volumen
MSC	Microsoft	$1.38	-0.01	-0.36%	$1.39	$1.39	$1.38	9,395
APP	Apple	$1.99	-0.03	-0.45%	$1.88	$2.15	$1.38	7,741

Abbildung 3-14: Invertierte Tabelle

Besonders interessant ist `.table-reflow`. Damit wird wie bei einer Pivot-Tabelle der Block der Überschriften vertikal in der ersten Spalte dargestellt.

Beispiel 3-12: Gedrehte Tabelle (Table_Reflow.html)

```html
<table class="table table-reflow" >
  <thead>
    <tr>
```

```
         <th>Code</th>
         <th>Firma</th>
         <th>Preis</th>
         <th>Änderung</th>
         <th>In %</th>
         <th>Eröffnung</th>
         <th>Höchster</th>
         <th>Niedrigster</th>
         <th>Volumen</th>
      </tr>
   </thead>
   <tbody>
      <tr>
         <td>MSC</td>
         <td>APP</td>
         ...
```

Für diesen Effekt ist keine Änderung der Tabellenstruktur erforderlich.

Code	MSC	APP
Firma	Microsoft	Apple
Preis	$1.38	$1.99
Änderung	-0.01	-0.03
In %	-0.36%	-0.45%
Eröffnung	$1.39	$1.88
Höchster	$1.39	$2.15
Niedrigster	$1.38	$1.38
Volumen	9,395	7,741

Abbildung 3-15: Gedrehte Tabelle

Responsive Tabellen

Responsive Tabellen im eigentlichen Sinne gibt es nicht. Wird .table-responsive verwendet, wird bei Breiten unter 786 Pixeln ein horizontaler Scrollbalken unter der Tabelle erstellt. Damit wird verhindert, dass die gesamte Seite horizontal scrollen muss. Außerdem werden mit overflow-y: hidden alle Elemente unterdrückt, die oben oder unten aus der Tabelle herausragen. **Achtung**: Dies können von einigen Frameworks benutzte Menüs oder Kontextmenüs sein.

```
<table class="table table-responsive">
   ...
</table>
```

Abbildung 3-16: Tabelle mit Scrollbalken

Beachten Sie, dass .table-responsive nicht mehr, wie bei Bootstrap 3, auf einem <div>-Element angewendet werden muss.

Echte responsive Tabellen

Bootstraps Antwort auf responsive Tabellen ist nicht immer befriedigend. Letztlich stößt das HTML-Element <table> hier einfach an seine Grenzen. Komplexe Tabellen mit vielen Spalten lassen sich nicht beliebig verdichten:

Code	Firma	Preis	Änderung	In %	Eröffnung	Höchster	Niedrigster	Volumen
MSC	Microsoft	$1.38	-0.01	-0.36%	$1.39	$1.39	$1.38	9,395
APP	Apple	$1.99	-0.03	-0.45%	$1.88	$2.15	$1.38	7,741

Abbildung 3-17: Tabelle mit voller Breite

Dieselbe Tabelle könnte sich aber auch in eine Liste verwandeln, die vollständig responsiv ist.

Code	MSC
Firma	Microsoft
Preis	$1.38
Änderung	-0.01
In %	-0.36%
Eröffnung	$1.39
Höchster	$1.39
Niedrigster	$1.38
Volumen	9,395
Code	APP
Firma	Apple
Preis	$1.99
Änderung	-0.03
In %	-0.45%
Eröffnung	$1.88
Höchster	$2.15
Niedrigster	$1.38
Volumen	7,741

Abbildung 3-18: Tabelle bei geringer Breite

Tabellen

Nun basiert die Darstellung vieler Grids auf einer Tabellenstruktur. Auf Tabellen komplett zu verzichten, ist oft nicht möglich und mit erheblichem Aufwand verbunden. Glücklicherweise kann die Darstellung von Tabellen mit CSS3 weitgehend angepasst werden. Was damit nicht geht, erledigt HTML5. Auf JavaScript kann dabei verzichtet werden. Hier der Code der Tabelle aus den letzten beiden Abbildungen:

Beispiel 3-13: Echt responsive Tabelle mit CSS3 (HTML-Teil)

```
<table class="table" id="notable">
  <thead>
    <tr>
      <th>Code</th>
      <th>Firma</th>
      <th>Preis</th>
      <th>Änderung</th>
      <th>In %</th>
      <th>Eröffnung</th>
      <th>Höchster</th>
      <th>Niedrigster</th>
      <th>Volumen</th>
    </tr>
  </thead>
  <tbody>
    <tr>
      <td data-title="Code">MSF</td>
      <td data-title="Firma">Microsoft</td>
      <td data-title="Preis">$51.38</td>
      <td data-title="Änderung">-0.01</td>
      <td data-title="In %">-0.36%</td>
      <td data-title="Eröffnung">$51.39</td>
      <td data-title="Höchster">$51.39</td>
      <td data-title="Niedrigster">$51.38</td>
      <td data-title="Volumen">9,395</td>
    </tr>
    <tr>
      <td data-title="Code">APC</td>
      <td data-title="Firma">Apple</td>
      <td data-title="Preis">$95.46</td>
      <td data-title="Änderung">-0.03</td>
      <td data-title="In %">-0.45%</td>
      <td data-title="Eröffnung">$91.88</td>
      <td data-title="Höchster">$99.15</td>
```

```
        <td data-title="Niedrigster">$91.38</td>
        <td data-title="Volumen">7,741</td>
      </tr>
    </tbody>
  </table>
```

Das passende CSS dazu sieht folgendermaßen aus. Es wird durch das @media-Element nur wirksam, wenn die Bildschirmbreite unter 768 Pixel fällt.

Beispiel 3-14: Echt responsive Tabelle mit CSS3 (CSS aus Table_Responsive.html)

```
@media only screen and (max-width: 768px) {

  /* Verhindert das Standardverhalten einer Tabelle */
  #notable table,
  #notable thead,
  #notable tbody,
  #notable th,
  #notable td,
  #notable tr {
    display: block;
  }

    /* Kopfbereich verstecken */
    #notable thead tr {
      position: absolute;
      top: -9999px;
      left: -9999px;
    }

  #notable tr {
    border: 1px solid #ccc;
  }

  #notable td {
    /* Verhalten einer Reihe */
    border: none;
    border-bottom: 1px solid #eee;
    position: relative;
    padding-left: 50%;
    white-space: normal;
    text-align: left;
  }
```

```
    #notable td:before {
      /* Neuer Kopfbereich */
      position: absolute;
      /* Simulation der Abstände */
      top: 6px;
      left: 6px;
      width: 145%;
      padding-right: 10px;
      white-space: nowrap;
      text-align: left;
      font-weight: bold;
      /* Überschriften aus data-title="" holen */
      content: attr(data-title);
    }
  }
```

Der einzige Mehraufwand besteht darin, wiederholt die Label mit data-title="" zu bestimmen. Hier kann etwas JavaScript (mit jQuery) helfen, indem die Kopffelder automatisiert kopiert werden:

Beispiel 3-15: Echt responsive Tabelle mit CSS3 (JavaScript aus Table_Responsive.html)

```
$(function () {
  var t = [];
  $('thead th').each(function () {
    t.push($(this).text());
  });
  $('tbody tr').each(function() {
    $(this).find('td').each(function(i, e) {
      $(e).attr('data-title', t[i]);
    });
  });
});
```

Das Skript sucht nach den Kopffeldern und erstellt daraus ein Array (Zeile 4). Dann wird nach den Reihen gesucht (Zeile 6), und in jeder Reihe wird das data-Attribut jedes Elements aus dem Array befüllt (Zeile 8). Die wiederholte Angabe von data-title="Code" usw. ist nicht mehr notwendig und kann vollständig entfernt werden.

Kein Bootstrap

Der in diesem Abschnitt gezeigte Weg ergänzt die Vorgehensweise in Bootstrap, ist jedoch weitgehend unabhängig davon. Die grundlegende Gestaltung und die Abstände wurden jedoch aus Bootstrap übernommen.

Hilfsklassen

Bootstrap 4 enthält eine Reihe von Hilfsklassen für verschiedene Aufgaben, wie im folgenden gezeigt.

Abstände kontrollieren

Mit den Containern und dem Standardverhalten der Elemente werden die Abstände meist korrekt eingestellt. Es kann jedoch immer wieder passieren, dass das Ergebnis entweder nicht der Designvorgabe oder nicht Ihrem ästhetischen Empfinden entspricht. Auch bei der Nutzung fremder Komponenten – Bootstrap deckt ja keinesfalls alle erdenklichen Elemente ab – sind gelegentlich unglückliche Abstände zu beobachten. Für diesen Fall gibt es Korrekturklassen. Vermieden werden soll damit, dass im Code statische Stilregeln der Art `margin-top: 25px` auftauchen.

Abstandsklassen werden immer relativ, im Verhältnis zur Basisfontgröße *1rem* definiert.

Der Aufbau der Klassen ist systematisch:

`{Eigenschaft}-{Seite}-{Größe}`

Die Eigenschaft kann folgende Werte annehmen:

- m: Margin, der Abstand zum nächsten Element
- p: Padding, der innere Abstand des Inhalts zum Elementrahmen

Folgende Werte können für `{Seite}` verwendet werden:

- t: Setzt die Eigenschaft `margin-top` oder `padding-top`.
- b: Setzt die Eigenschaft `margin-bottom` oder `padding-bottom`.
- l: Setzt die Eigenschaft `margin-left` oder `padding-left`.
- r: Setzt die Eigenschaft `margin-right` oder `padding-right`.

- x: Setzt die Eigenschaft für -left (linke Seite) und -right (rechte Seite).
- y: Setzt die Eigenschaft für -top (oben) und -bottom (unten).
- a: Setzt die Eigenschaft aller Margin- oder Padding-Regeln für alle vier Seiten.

Die Größe wird nun folgendermaßen bestimmt:

- 0: Setzt alle Werte auf 0 - keine Abstände.
- 1: Setzt alle Werte auf den Standardabstand.
- 2: Setzt alle Werte auf das 1,5-Fache des Standardabstands.
- 3: Setzt alle Werte auf das 3,0-Fache des Standardabstands.

Hier einige Beispiele für intern benutzte Definitionen (in SASS):

```
.m-t-0 {
  margin-top: 0 !important;
}

.m-l-1 {
  margin-left: $spacer-x !important;
}

.p-x-2 {
  padding-left: ($spacer-x * 1.5) !important;
  padding-right: ($spacer-x * 1.5) !important;
}

.p-a-3 {
  padding: ($spacer-y * 3) ($spacer-x * 3) !important;
}
```

Die Variablen $spacer-x und $spacer-y beziehen sich auf den Standardabstand.

Eine Besonderheit bildet die Klasse .m-x-auto, die den horizontalen Abstand auf auto setzt.

Anzeigestatus erzwingen

Mit dem CSS-Stil display können Sie das natürliche Renderverhalten modifizieren. Bootstrap stellt das mit eigenen Klassen robust und browserunabhängig bereit (»d« steht hier für »display«):

- `.d-none`
- `.d-inline`
- `.d-inline-block`
- `.d-block`
- `.d-table`
- `.d-table-cell`
- `.d-flex`
- `.d-inline-flex`

Für responsive Anwendungen existieren Varianten der Art d-[nn]-[typ].

KAPITEL 4
Formulare

Formulare werden umfassend unterstützt. Viele Komponenten dienen vor allem dazu, ansprechende Formulare zu gestalten, die mit jeder Bildschirmbreite gut zurechtkommen.

Struktur eines Formulars

Formularelemente erhalten automatisch die richtige Formatierung. Als Container für Steuerelemente wird die Klasse `.form-control` benutzt. Elemente, die eine steuerbare horizontale Ausdehnung haben, also <input>, <textarea> und <select>, werden auf eine Breite von 100 % des übergeordneten Containers gesetzt. Mit `.form-group` werden Gruppen aus Label und Eingabefeld gebildet, die sich je nach verfügbarer Breite automatisch nebeneinander oder übereinander anordnen.

Einfache Formularelemente

Hier ein Beispiel für ein typisches Formular:

Beispiel 4-1: Standardaufbau eines Formulars (Form_Base.html)

```html
<form>
  <div class="form-group">
    <label for="txtMail">E-Mail</label>
    <input type="email" class="form-control"
           id="txtMail" placeholder="E-Mail">
  </div>
  <div class="form-group">
    <label for="txtPassword">Kennwort</label>
    <input type="password" class="form-control"
           id="txtPassword" placeholder="Password">
```

```
    </div>
    <div class="form-group">
      <label for="txtFile">File selection</label>
      <input type="file" id="txtFile">
      <p class="form-text small">Dies ist die Hilfe.</p>
    </div>
    <div class="checkbox">
      <label>
         <input type="checkbox"> Speichern
      </label>
    </div>
    <button type="submit" class="btn btn-secondary">Senden</button>
</form>
```

Der äußere Teil ist immer die Elementgruppe .form-group. Das Element wird nochmals mit .form-control ausgezeichnet. Alle anderen Teile benötigen keine Klassen.

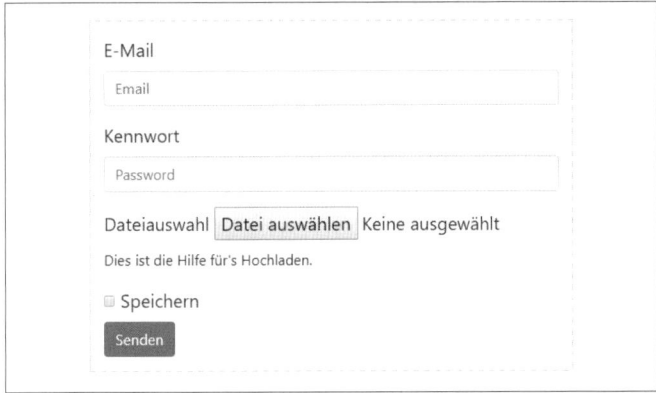

Abbildung 4-1: Ein einfaches Formular

Eingabegruppen

Neben einfachen Elementen können auch komplexere Elemente aus einfacheren zusammengesetzt werden. Dies wird dann als Eingabegruppe bezeichnet. Elementgruppe und Eingabegruppe dürfen nicht gemischt eingesetzt werden, stattdessen werden Eingabegruppen als Kindelement verschachtelt.

Einzeilige Formulare

Einzeilige Formulare stehen ab einer Breite von 768 Pixeln zur Verfügung. Mit »einzeilig« ist gemeint, dass der Feldname (Label), das Eingabefeld und weitere Elemente nebeneinander stehen können, solange der horizontale Platz ausreicht. Sie werden mit `.form-inline` eingeleitet. Das umschließende <form>-Tag ist optional. Es kann von der Logik der Seite oder dem Browserverhalten her benötigt werden – Bootstrap reagiert darauf jedoch nicht. Der Standardwert für die Breite der Elemente mit variabler Ausdehnung ist »auto«. Die Breite wird also innerhalb des umschließenden Containers optimiert. Es kann notwendig sein, die Breite individuell zu steuern.

Beispiel 4-2: Kompaktes Formular (Form_Inline.html)

```
<form class="form-inline">
  <div class="form-group">
    <label for="exampleInputName2">Name</label>
    <input type="text" class="form-control"
           id="exampleInputName2" placeholder="Der Name">
  </div>
  <div class="form-group">
    <label for="exampleInputEmail2">E-Mail</label>
    <input type="email" class="form-control"
           id="exampleInputEmail2"
           placeholder="name@email.com">
  </div>
  <div class="w-100 p-4">
    <button type="submit"
            class="btn btn-secondary float-right">
      Senden
    </button>
  </div>
</form>
```

Abbildung 4-2: Ein Formular mit horizontaler Ausrichtung (breit)

Dasselbe Formular sieht bei geringer Bildschirmbreite folgendermaßen aus:

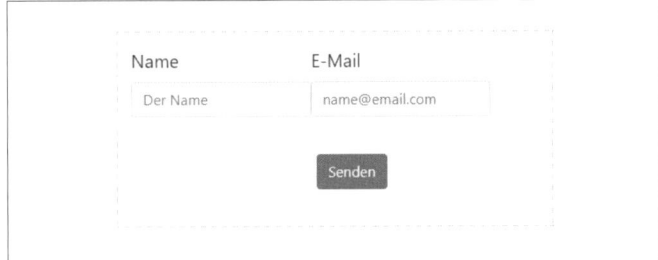

Abbildung 4-3: Ein Formular mit horizontaler Ausrichtung (schmal)

ARIA-Label benutzen

Sie sollten auch bei einzeiligen Formularen immer Label einsetzen. Screenreader können sonst keine sinnvolle Sprachausgabe erzeugen. Nutzen Sie .sr-only, damit die Label auf normalen Ausgabegeräten nicht angezeigt werden. Wenn eine barrierefreie Ausgabe erforderlich ist, sollten darüber hinaus immer die vom Standard geforderten Attribute aria-label oder aria-labelledby genutzt werden. Während aria-label den Bezeichnungstext direkt enthält, verweist aria-label ledby="id" auf die ID eines anderen Elements auf der Seite, das den Bezeichnungstext liefert.

Das folgende Beispiel zeigt den Einsatz von unsichtbaren Bezeichnungstexten. Für normale Benutzer wird das Wasserzeichen (place holder) benutzt, Screenreader sehen dagegen das Label.

Beispiel 4-3: Formular mit Wasserzeichen und für Screenreader

```
<form class="form-inline">
    <div class="form-group">
    <label class="sr-only" for="exampleInputEmail3">E-Mail</label>
    <input type="email" class="form-control"
         id="exampleInputEmail3" placeholder="E-Mail">
    </div>
```

```
<div class="form-group">
<label class="sr-only"
       for="exampleInputPassword3">Kennwort</label>
<input type="password" class="form-control"
       id="exampleInputPassword3" placeholder="Kennwort">
</div>
<div class="checkbox">
<label>
    <input type="checkbox"> Merken
</label>
</div>
<button type="submit" class="btn btn-secondary">Anmelden</button>
</form>
```

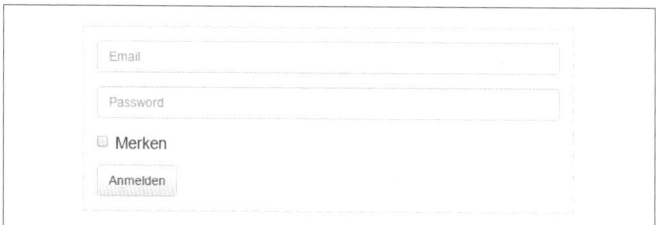

Abbildung 4-4: Ein Formular ohne Label

Formularelemente mit Bausteinen

Eingabefelder, speziell solche für die Eingabe von Text, können mit Text, Symbolen oder Schaltflächen links oder rechts ergänzt werden. Das ist besonders interessant, wenn Werte erfasst werden, die Maßeinheiten haben. Benutzen Sie die Klasse .input-group mit .input-group-prepend oder .input-group-append, um Anzeigeelemente vor oder nach .form-control zu erstellen. Das funktioniert sehr gut mit allen <input>-Elementen, jedoch nur eingeschränkt mit <select> und kaum mit <textarea>.

Tooltipps und überlagernde Effekte wie z.B. Modals oder Popover erfordern darüber hinaus weiteren Aufwand. Zumindest ist die Option container: 'body' in JavaScript erforderlich, um Seiteneffekte zu vermeiden. Der Parameter bestimmt, wo das dynamische Element im DOM (Document Object Model) der Seite eingefügt wird.

```
$("#toolbarBtn1").dropdown({
    container: 'body';
});
```

Die Spaltenklassen des Rasters lassen sich nicht mit Eingabegruppen mischen. Stattdessen sollte bei Bedarf die gesamte Eingabegruppe in einen Container platziert werden, der seinerseits mit Rastermaßen versehen wird.

Label sind immer sinnvoll. Auch wenn beim konkreten Layout kein Bedarf besteht, werden damit die Screenreader unterstützt. Hier ist wieder der Einsatz von `.sr-only` angebracht.

Beispiel 4-4: Eingabefelder (Toolbar_Inputgroups.html)

```html
<div class="input-group">
  <div class="input-group-prepend">
    <span class="input-group-text" id="basic-addon1">@</span>
  </div>
  <input type="text" class="form-control"
         placeholder="User"
         aria-describedby="basic-addon1">
</div>

<div class="input-group">
  <input type="text" class="form-control"
         placeholder="Email"
         aria-describedby="basic-addon2">
  <div class="input-group-append">
    <span class="input-group-text" id="basic-addon2">
      @example.de
    </span>
  </div>
</div>

<div class="input-group">
  <div class="input-group-prepend">
    <span class="input-group-text">&euro;</span>
  </div>
  <input type="text" class="form-control"
         aria-label="Betrag (in EUR)">
  <div class="input-group-append">
    <span class="input-group-text">.00</span>
  </div>
</div>
```

Abbildung 4-5: Eingabefelder

Größen

Die Größen lassen sich relativ in den üblichen vier Stufen festlegen. Dies passiert auf der Gruppe, sodass einzelne Eingabefelder nicht immer wieder mit der Klasse ausgestattet werden müssen.

Beispiel 4-5: Größen der Eingabefelder (Toolbar_InputSize.html)

```
<div class="input-group input-group-lg">
  <div class="input-group-prepend">
    <span class="input-group-text" id="sizing-addon1">@</span>
  </div>
  <input type="text" class="form-control form-control-lg"
         placeholder="Username"
         aria-describedby="sizing-addon1">
</div>

<div class="input-group">
  <div class="input-group-prepend">
    <span class="input-group-text" id="sizing-addon2">@</span>
  </div>
  <input type="text" class="form-control"
         placeholder="Username"
         aria-describedby="sizing-addon2">
</div>

<div class="input-group input-group-sm">
  <div class="input-group-prepend">
    <span class="input-group-text" id="sizing-addon3">@</span>
  </div>
  <input type="text" class="form-control form-control-sm"
         placeholder="Username"
         aria-describedby="sizing-addon3">
</div>
```

Abbildung 4-6: Größen der Eingabefelder

Umgang mit Kontrollkästchen und Optionsfeldern

Kontrollkästchen und Optionsfelder müssen manchmal direkt neben Eingabefeldern platziert werden. Erneut werden Gruppen verwendet, um die Zuordnung vorzunehmen.

Beispiel 4-6: Eingabefelder mit Optionen (Toolbar_Inputradio.html)
```
<div class="row">
<div class="col-lg-6">
  <div class="input-group">
    <div class="input-group-prepend">
      <span class="input-group-text">
        <input type="checkbox" aria-label="">
      </span>
    </div>
    <input type="text" class="form-control" aria-label="">
  </div>
</div>
<div class="col-lg-6">
  <div class="input-group">
    <div class="input-group-prepend">
      <span class="input-group-text">
        <input type="radio" aria-label="">
      </span>
    </div>
    <input type="text" class="form-control" aria-label="">
  </div>
</div>
</div>
```

Für eine sinnvolle Funktion ist hier unbedingt JavaScript erforderlich – beispielsweise um das zugeordnete Eingabefeld zu aktivieren.

Abbildung 4-7: Eingabefelder mit Optionen

Ergänzende Schaltflächen

Schaltflächen in Eingabefeldgruppen werden ebenso behandelt. Auch hier wird .input-group-append oder .input-group-prepend benutzt. Allerdings fällt das innere <span> weg.

Beispiel 4-7: Eingabefelder mit Schaltflächen (Toolbar_InputBtn.html)

```
<div class="row">
  <div class="col-lg-6">
    <div class="input-group">
      <span class="input-group-prepend">
        <button class="btn btn-secondary" type="button">
          Los!
        </button>
      </span>
      <input type="text" class="form-control"
             placeholder="Suche nach ...">
    </div>
  </div>
  <div class="col-lg-6">
    <div class="input-group">
      <input type="text" class="form-control"
             placeholder="Suche nach...">
      <span class="input-group-append">
        <button class="btn btn-secondary" type="button">
          Los!
        </button>
      </span>
    </div>
  </div>
</div>
```

Abbildung 4-8: Eingabefelder mit Schaltflächen

Die Schaltflächen lassen sich wiederum mit Aufklappmenüs versehen:

Beispiel 4-8: Eingabefelder mit Menüs (Toolbar_DropDownGroup.html)

```
<div class="row">
  <div class="col-lg-6">
    <div class="input-group">
      <div class="input-group-prepend">
        <button type="button"
                class="btn btn-secondary dropdown-toggle"
                data-toggle="dropdown" aria-haspopup="true"
                aria-expanded="false">
          Auswahl
        </button>
        <div class="dropdown-menu">
          <a class="dropdown-item" href="#">Details</a>
          <a class="dropdown-item" href="#">Kopieren</a>
          <a class="dropdown-item" href="#">Verschieben</a>
          <div role="separator" class="dropdown-divider"></div>
          <a class="dropdown-item" href="#">Löschen</a>
        </div>
      </div>
      <input type="text" class="form-control" aria-label="...">
    </div>
  </div>
  <div class="col-lg-6">
    <div class="input-group">
      <input type="text" class="form-control" aria-label="...">
      <div class="input-group-append">
        <button type="button"
                class="btn btn-secondary dropdown-toggle"
                data-toggle="dropdown" aria-haspopup="true"
                aria-expanded="false">
          Auswahl
        </button>
```

```
      <div class="dropdown-menu dropdown-menu-right">
        <a class="dropdown-item" href="#">Details</a>
        <a class="dropdown-item" href="#">Kopieren</a>
        <a class="dropdown-item" href="#">Verschieben</a>
        <div role="separator" class="dropdown-divider"></div>
        <a class="dropdown-item" href="#">Löschen</a>
      </div>
    </div>
  </div>
</div>
```

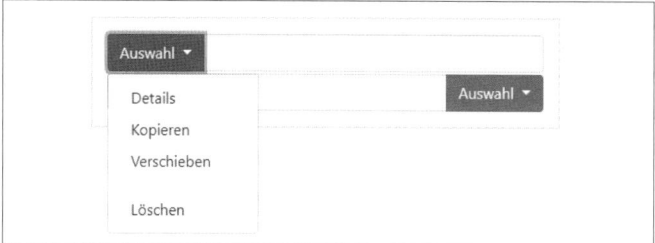

Abbildung 4-9: Eingabefelder mit Menüs

> Für die Aufklappmenüs wird *Popper* benötigt:
>
> ```
> <script src="../node_modules/popper.js/
> dist/umd/popper.js"></script>
> ```
>
> Beachten Sie hier, dass ohne Packer das UMD-Bundle benutzt werden muss. Dieses Skript muss *vor* Bootstrap geladen werden.

Ebenso ist die Unterteilung einer Schaltfläche in Segmente möglich:

Beispiel 4-9: Eingabefelder mit Segmentschaltflächen (Toolbar_InputBtnForm.html)

```
<div class="input-group">
  <div class="input-group-prepend">
    <button class="btn btn-success">Freigeben</button>
  </div>
  <input type="text" class="form-control" aria-label="...">
</div>
```

```html
<div class="input-group">
  <input type="text" class="form-control" aria-label="...">
  <div class="input-group-append">
    <button class="btn btn-warning">Gesperrt</button>
  </div>
</div>
```

Abbildung 4-10: Eingabefelder mit Segmentschaltflächen

Das folgende Formularelement besteht aus drei Bausteinen: einem Euro-Symbol, dem Eingabefeld und der Angabe ».00« als vordefiniertem Nachkommawert:

Beispiel 4-10: Formular mit Bausteinen (Form_MultiInput.html)

```html
<form class="form-inline">
  <div class="form-group">
    <label class="sr-only" for="exampleInputAmount">
        Betrag (in EUR)
    </label>
    <div class="input-group">
      <div class="input-group-prepend">
        <span class="input-group-text">$</span>
      </div>
      <input type="text" class="form-control"
             id="exampleInputAmount" placeholder="Betrag">
      <div class="input-group-append">
          <span class="input-group-text">.00</span>
       </div>
     </div>
   </div>
  <button type="submit" class="btn btn-primary">Überweisen</button>
</form>
```

Hier wird die Klasse `.input-group` genutzt. Das Label (Zeilen 3 bis 5) wird nur Screenreadern angezeigt und bleibt ansonsten unsichtbar.

Die »Extras« vor und hinter dem Element werden mit `.input-group-addon` dekoriert.

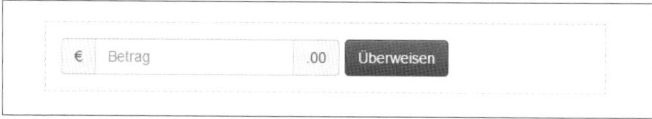

Abbildung 4-11: Ein Formular ohne Label

Horizontale Formulare

Um Label und Felder zu platzieren, wird das Raster eingesetzt. Damit die Umbrüche unterdrückt werden, die normalerweise einen kompletten Block aus Beschriftung (Label) und Feld von der nächsten Gruppe trennen, wird `.row` benutzt. Die Angabe der Klasse erfolgt in einem Containerelement, das entweder das umschließende `<form>`-Element oder ein äquivalent eingesetztes `<div>` ist. Die ohnehin erforderliche Gruppierung mit `.form-groups` führt dazu, dass sich die Gruppe wie eine Reihe verhält. Sie können `.row` trotzdem einsetzen, weil sich einige Editoren sonst über das Fehlen der Klasse beschweren – sichtbare Effekte werden dennoch nicht erzielt.

Beispiel 4-11: Horizontales Formular (Form_Horizontal.html)
```
<form class="row">
  <div class="form-group">
    <label for="inputEmail3"
           class="col-sm-2 form-control-label">eMail</label>
    <div class="col-sm-10">
        <input type="email" class="form-control"
               id="inputEmail3" placeholder="E-Mail">
    </div>
  </div>
  <div class="form-group">
    <label for="inputPassword3" class="col-sm-2
       form-control-label">Kennwort</label>
    <div class="col-sm-10">
        <input type="password" class="form-control"
               id="inputPassword3" placeholder="Kennwort">
    </div>
  </div>
```

```
    <div class="form-group">
      <div class="offset-sm-2 col-sm-10">
          <div class="checkbox">
          <label>
              <input type="checkbox"> Zugang merken
          </label>
          </div>
      </div>
    </div>
    <div class="form-group">
      <div class="offset-sm-2 col-sm-10">
          <button type="submit" class="btn btn-secondary">
          Anmelden</button>
      </div>
    </div>
</form>
```

Hier stehen die Label links neben den Elementen. Bei geringer Breite fällt dieses Layout (im Bild ist die Breite > 768 Pixel) wieder auf das vorher gezeigte Schema mit darüber platzierten Labeln zurück.

Abbildung 4-12: Ein Formular mit Label neben dem Feld

Eingabeelemente

Formularelemente der Gruppe <input> benötigen das type-Attribut, um korrekt angezeigt zu werden. Unterstützt wird praktisch der gesamte Vorrat an HTML5-Typen:

- text
- password
- datetime
- datetime-local
- date
- month
- time
- week
- number
- email
- url
- search
- tel
- color

Input-Elemente

```
<input type="text"
       class="form-control"
       placeholder="Text input">
```

Textbereiche – also mehrzeilige Eingabefelder – nutzen dagegen folgenden Code:

```
<textarea class="form-control" rows="3" cols="55"></textarea>
```

Kontrollkästchen (Checkboxes) und Auswahlfelder (Radio Buttons) funktionieren wie bei Standard-HTML. Das Sperren mit dem Attribut disabled wird unterstützt. Damit das Sperren nicht nur für das Element selbst funktioniert, sondern auch das assoziierte Label betrifft, kann die Klasse .disabled benutzt werden. Diese Klasse ist auch im Zusammenhang mit .radio, .radio-inline, .checkbox, .checkbox-inline oder <fieldset> einsetzbar, die alle dazu dienen, den umschließenden Container passend zu formatieren.

Beispiel 4-12: Kontrollkästchen und Optionsfelder (Form_Elements.html)

```html
<form class="row">
  <div class="checkbox">
    <label>
      <input type="checkbox" value="">
      Option Eins
    </label>
  </div>
  <div class="checkbox disabled">
    <label>
      <input type="checkbox" value="" disabled>
      Option Zwei (deaktiviert)
    </label>
  </div>

  <div class="radio">
    <label>
      <input type="radio" name="optionsRadios"
             id="optionsRadios1" value="option1" checked>
      Option Eins
    </label>
  </div>
  <div class="radio">
    <label>
      <input type="radio" name="optionsRadios"
             id="optionsRadios2" value="option2">
      Option Zwei
    </label>
  </div>
  <div class="radio disabled">
    <label>
      <input type="radio" name="optionsRadios"
             id="optionsRadios3" value="option3" disabled>
      Option Drei
    </label>
  </div>
</form>
```

Das <label>-Element umschließt hier das Optionsfeld bzw. das Kontrollkästchen. Auf diese Weise löst ein Klick auf die Beschriftung bzw. das Label die Aktion aus, was eine angenehmere Benutzererfahrung bietet.

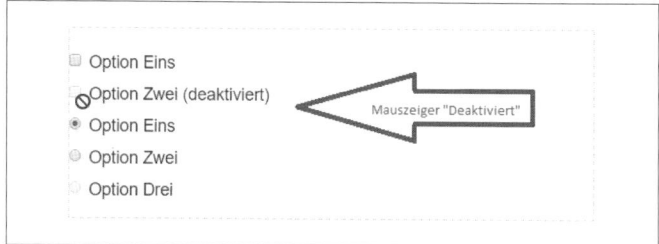

Abbildung 4-13: Kontrollkästchen und Optionsfelder

Die Klassen .checkbox-inline und .radio-inline ermöglichen eine
Aufreihung von Elementen nebeneinander.

*Beispiel 4-13: Kontrollkästchen und Optionsfelder nebeneinander
(Form_ElementsHor.html)*

```
<form class="row">
  <label class="checkbox-inline">
    <input type="checkbox" id="inlineCheckbox1" value="option1"> 1
  </label>
  <label class="checkbox-inline">
    <input type="checkbox" id="inlineCheckbox2" value="option2"> 2
  </label>
  <label class="checkbox-inline">
    <input type="checkbox" id="inlineCheckbox3" value="option3"> 3
  </label>

  <label class="radio-inline">
    <input type="radio" name="inlineRadioOptions"
           id="inlineRadio1" value="option1"> 1
  </label>
  <label class="radio-inline">
    <input type="radio" name="inlineRadioOptions"
           id="inlineRadio2" value="option2"> 2
  </label>
  <label class="radio-inline">
    <input type="radio" name="inlineRadioOptions"
           id="inlineRadio3" value="option3"> 3
  </label>
</form>
```

☐ 1 ☐ 2 ☐ 3 ○ 1 ○ 2 ○ 3

Abbildung 4-14: Kontrollkästchen und Optionsfelder nebeneinander

Wenn das Standardverhalten benötigt wird, aber kein Text für das Label angezeigt werden soll, entfällt der Text, und das Label umschließt das Eingabefeld:

```
<div class="checkbox">
  <label>
    <input type="checkbox" id="blankCheckbox" value="1"
        aria-label="...">
  </label>
</div>
<div class="radio">
  <label>
    <input type="radio" name="blankRadio" id="blankRadio1"
        value="1" aria-label="...">
  </label>
</div>
```

Listbox- und Drop-down-Elemente

Auch Listen und Drop-downs (Aufklappmenüs) lassen sich wie gewohnt einsetzen. Allerdings wenden einige Browser interne Stile an, die nicht mit CSS beeinflusst werden können. Möglicherweise sind Menüs die bessere Wahl, um volle Kontrolle über das Design zu erhalten.

Einfache Aufklappmenüs erlauben die Auswahl einer der Optionen:

```
<select class="form-control">
  <option>1</option>
  <option>2</option>
  <option>3</option>
  <option>4</option>
  <option>5</option>
</select>
```

Mit dem Attribut multiple ist es möglich, mehrere Optionen auszuwählen:

```
<select multiple class="form-control">
  <option>1</option>
  <option>2</option>
  <option>3</option>
  <option>4</option>
  <option>5</option>
</select>
```

Statische Texte im Formular

Hilfetexte und statische Bausteine werden mit `.form-control-static` in einem Abschnitt `<p>` definiert.

Beispiel 4-14: Statische Elemente im Layout (Form_Help.html)

```
<form class="row">
  <div class="form-group">
    <label class="col-sm-2 form-control-label">
      E-Mail
    </label>
    <div class="col-sm-10">
      <p class="form-control-static">email@example.com</p>
    </div>
  </div>
  <div class="form-group">
    <label for="inputPassword"
           class="col-sm-2 form-control-label">
      Kennwort
    </label>
    <div class="col-sm-10">
      <input type="password" class="form-control"
             id="inputPassword" placeholder="Password">
    </div>
  </div>
</form>
```

Abbildung 4-15: Statische Elemente im vertikalen Layout

Beispiel 4-15: Anzeigefelder (Form_HelpInline.html)

```
<form class="form-inline">
  <div class="form-group">
    <label class="sr-only">E-Mail</label>
    <p class="form-control-static">email@example.de</p>
  </div>
  <div class="form-group">
    <label for="inputPassword2" class="sr-only">Kennwort</label>
    <input type="password" class="form-control"
           id="inputPassword2" placeholder="Kennwort">
  </div>
  <button type="submit" class="btn btn-secondary">
    Bestätigen
  </button>
</form>
```

Abbildung 4-16: Statische Elemente im horizontalen Layout

Verhalten der Formularelemente

Formularelemente reagieren dynamisch auf den Fokus. Dabei wird der Rahmen entfernt, und beim Erhalten des Fokus wird ein weicher Schatten eingeblendet. Auslöser ist die Pseudoklasse :focus.

Deaktivierte Steuerelemente benutzen disabled und werden etwas heller dargestellt:

```
<input class="form-control"
       id="disabledInput"
       type="text"
       placeholder="Gesperrter Inhalt..."
       disabled>
```

Mit <fieldset> und disabled lassen sich mehrere Elemente zusammen abschalten. Allerdings betrifft die Blockierung von Benutzeraktionen nur reguläre Formularelemente. Hyperlinks werden nicht abgeschaltet. Auch wenn Hyperlinks als Schaltflächen formatiert werden (<a ... class="btn btn-*">), verhalten sie sich weiter wie Links. Hier muss mit zusätzlichem JavaScript nachgeholfen werden.

Bootstrap sorgt allerdings für die korrekte Darstellung, das heißt, dass die Schaltfläche »grau« erscheint. Sie wird dennoch ohne weitere Maßnahmen reagieren.

Beispiel 4-16: Gesperrte Felder (Form_Disabled.html)

```html
<form>
  <fieldset disabled>
    <div class="form-group">
      <label for="disabledTextInput">Gesperrtes Feld</label>
      <input type="text" id="disabledTextInput"
             class="form-control"
             placeholder="Gesperrtes Feld">
    </div>
    <div class="form-group">
      <label for="disabledSelect">Gesperrtes Menü</label>
      <select id="disabledSelect" class="form-control">
        <option>Option A gesperrt</option>
        <option>Option B gesperrt</option>
      </select>
    </div>
    <div class="checkbox">
      <label>
        <input type="checkbox"> Kontrollkästchen
      </label>
    </div>
    <button type="submit" class="btn btn-primary">Senden</button>
  </fieldset>
</form>
```

Abbildung 4-17: Gesperrte Elemente

Neben dem Abschalten von Steuerelementen lässt sich auch der sehr ähnliche Zustand »Nur lesen« (readonly) einstellen. Er basiert auf dem HTML-Attribut readonly. Das Element wird heller dargestellt und sieht damit erst mal wie bei disabled aus, allerdings bleibt der Mauszeiger unverändert und zeigt nicht das »gesperrt-Icon« für den »disabled«-Cursor.

Beispiel 4-17: Nur-lesen-Modus (Ausschnitt aus Form_ReadOnly.html)

```
<input class="form-control"
       type="text"
       placeholder="Disabled Field"
       readonly>
```

Insbesondere das Verhalten der Aufklapplisten ist anders – im Gegensatz zu disabled lassen sich die Elemente anwählen und damit ansehen. Eine Auswahl beim Senden des Formulars gelingt dennoch nicht.

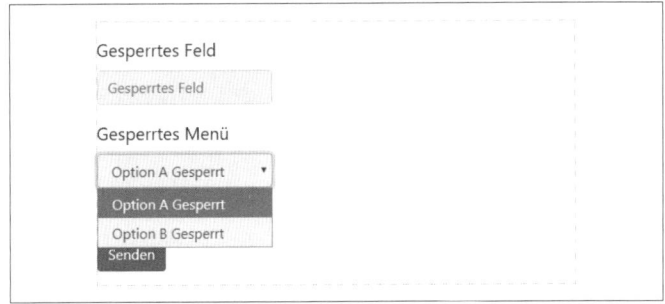

Abbildung 4-18: Elemente im Nur-lesen-Modus

Validierungsinformationen in Formularen

Bootstrap nutzt für Zustände die in HTML5 definierten Pseudoklassen :invalid und :valid. Damit beim ersten Anzeigen des Formulars nicht gleich alle Fehler erscheinen, muss dem <form>-Element die Klasse .was-validated hinzugefügt werden, was üblicherweise durch Servercode erfolgt. Die Initiierung geschieht dagegen durch .needs-validation.

Elemente, die die Klasse `.form-control-label` und `.form-control` enthalten, werden passend zum Status modifiziert.

Barrierefreiheit

Die Farbgestaltung der Statusangaben kann von Menschen mit Farbenblindheit möglicherweise nicht unterschieden werden. Deshalb sollte immer eine zusätzliche Angabe gemacht werden. Dies erfolgt durch Hilfetexte, Symbole und `.sr-only`-Bereiche. Elemente, die sich nicht anpassen lassen, sollten `aria-invalid="true"` tragen.

Beispiel 4-18: Semantische Informationen in Eingabefeldern (Form_Semantic.html)

```
<form class="needs-validation" novalidate>
  <div class="form-group">
    <label for="input1">
      Erfolgsmeldung
    </label>
    <input type="text" class="form-control"
           id="input1" required />
    <div class="valid-feedback text-success">Okay</div>
  </div>
  <div class="form-group">
    <label for="input2">
      Eine Warnung
    </label>
    <input type="text" value="Test" class="form-control"
           id="input2" required />
    <div class="invalid-feedback text-warning">Nicht Okay</div>
  </div>
  <div class="form-group">
    <label for="input3" >
      Fehlerbedingung
    </label>
    <input type="text" class="form-control"
           id="input3" required />
  </div>
  <div class="custom-checkbox">
    <label class="col-form-label">
      <input type="checkbox" id="checkboxSuccess"
             value="option1" />
```

```html
      Erfolgsmeldung
    </label>
  </div>
  <div class="checkbox">
    <label class="col-form-label">
      <input type="checkbox" required
             id="checkboxWarning" value="option1" />
      Warnung
    </label>
  </div>
  <div class="checkbox">
    <label class="col-form-label">
      <input type="checkbox" id="checkboxError"
             value="option1" required />
      Fehlerbedingung
    </label>
  </div>
  <button class="btn btn-primary" type="submit">
    Testformular
  </button>
</form>
```

Die Steuerung erfordert JavaScript, wenn keine serverseitige Unterstützung vorliegt. Im Beispiel wird dieser Code genutzt:

```html
<script>
  (function() {
    'use strict';
    window.addEventListener('load', function() {
      // Alle Formulare
      var forms = document.getElementsByClassName(
        'needs-validation');
      // Submit erkennen
      var validation = Array.prototype.filter.call(forms,
        function(form) {
          form.addEventListener('submit', function(event) {
            if (form.checkValidity() === false) {
              event.preventDefault();
              event.stopPropagation();
            }
            form.classList.add('was-validated');
          }, false);
        });
    }, false);
  })();
</script>
```

Dies ist reines jQuery. Wenn Sie ein anderes Framework wie Angular oder React verwenden, muss der Code angepasst werden!

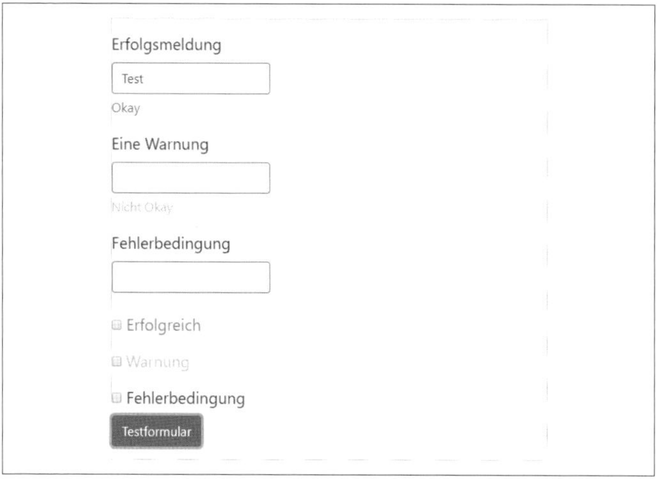

Abbildung 4-19: Semantische Formularelemente

Optional lassen sich die Zustände mit Symbolen aufwerten. Dies geschieht durch ein Symbol aus dem Paket *FontAwesome* am rechten Ende der Meldungsbereiche. Diese Symbole funktionieren nur, wenn <input class="form-control"> eingesetzt wird.

Das folgende Beispiel zeigt, wie ein vollständig barrierefreies Formular aussehen kann:

Beispiel 4-19: Semantisch und barrierefrei (Form_AriaSemantic1.html)

```
<form>
  <div class="form-group text-success has-feedback">
    <label class="form-control-label text-success"
           for="inputSuccess2">Erfolg</label>
    <input type="text"
           class="form-control form-control-success"
           id="inputSuccess2"
           aria-describedby="inputSuccess2Status">
    <span id="inputSuccess2Status" class="sr-only">
      (Erfolg)</span>
```

```html
    </div>
    <div class="form-group text-warning has-feedback">
      <label class="form-control-label text-warning"
             for="inputWarning2">Mit Warnung</label>
      <input type="text" class="form-control form-control-warning"
             id="inputWarning2"
             aria-describedby="inputWarning2Status">
      <span id="inputWarning2Status" class="sr-only">
      (Warnung)</span>
    </div>
    <div class="form-group text-danger has-feedback">
      <label class="form-control-label text-danger"
             for="inputError2">Mit Fehler</label>
      <input type="text" class="form-control form-control-danger"
             id="inputError2"
             aria-describedby="inputError2Status">
      <span id="inputError2Status" class="sr-only">
      (Fehler)</span>
    </div>
    <div class="form-group text-success has-feedback">
      <label class="form-control-label"
             for="inputGroupSuccess1">Erfolgreiche Gruppe</label>
      <div class="input-group">
        <span class="input-group-addon">@</span>
        <input type="text" class="form-control form-control-success"
               id="inputGroupSuccess1"
               aria-describedby="inputGroupSuccess1Status">
      </div>
      <span id="inputGroupSuccess1Status" class="sr-only">
      (Erfolg)</span>
    </div>
</form>
```

Gegenüber Bootstrap 3 gibt es hier einige Änderungen. Zum einen wurden die Klassennamen vereinheitlicht. Die Klasse .control-label heißt jetzt .form-control-label. Sie regelt nur noch den Abstand, nicht mehr die Farbe der Bezeichnung. Wenn die Label auch farblich hervorgehoben werden sollen, muss mit .text-success oder .text-danger usw. gearbeitet werden.

Die Glyphicons entfallen komplett, und Symbole werden allein durch die semantischen Klassen .form-control-success, .form-control-error usw. erzeugt.

Abbildung 4-20: Semantische Elemente mit ARIA-Unterstützung

Symbole in Formularen, die einzeilig oder horizontal ausgelegt sind, werden folgendermaßen definiert:

Beispiel 4-20: Semantisch und barrierefrei (Form_AriaSemantic.html)

```
<form>
  <div class="form-group text-success has-feedback">
    <label class="form-control-label col-sm-3"
           for="inputSuccess3">Erfolg</label>
    <input type="text"
           class="form-control form-control-success"
           id="inputSuccess3"
           aria-describedby="inputSuccess3Status">
    <span id="inputSuccess3Status" class="sr-only">(Erfolg)
    </span>
  </div>
  <div class="form-group text-danger has-feedback">
    <label class="form-control-label col-sm-3"
           for="inputGroupError2">Fehler</label>
    <div class="input-group">
      <div class="input-group-prepend">
        <span class="input-group-text">@</span>
      </div>
      <input type="text"
             class="form-control form-control-danger"
             id="inputGroupError2"
             aria-describedby="inputGroupSuccess2Status">
```

```
      </div>
      <span id="inputGroupSuccess2Status" class="sr-only">(Fehler)
      </span>
    </div>
  </form>
```

Abbildung 4-21: Semantische Elemente mit ARIA-Unterstützung

Hier ein Formular mit einer Erfolgsmeldung:

Beispiel 4-21: Semantische Meldungen (Form_Success.html)
```
  <form class="form-inline">
    <div class="form-group has-feedback">
      <label class="form-control-label" for="inputSuccess4">
        Erfolg
      </label>
      <input type="text" class="form-control"
             id="inputSuccess4"
             aria-describedby="inputSuccess4Status">
      <div class="input-group-append border-left-0 bg-white border">
        <span class="fa fa-check form-control-feedback p-2"
              aria-hidden="true"></span>
      </div>
      <span id="inputSuccess4Status" class="sr-only">(Erfolg)</span>
    </div>
  </form>
  <form class="form-inline">
    <div class="form-group has-feedback">
      <label class="form-control-label" for="inputGroupSuccess3">
        Erfolgreiche Gruppe
      </label>
      <div class="input-group">
        <div class="input-group-prepend">
          <span class="input-group-text">@</span>
```

```
        </div>
        <input type="text" class="form-control border-right-0"
               id="inputGroupSuccess3"
               aria-describedby="inputGroupSuccess3Status">
        <div class="input-group-append border-left-0 bg-white border">
          <span class="fa fa-close form-control-feedback p-2"
                aria-hidden="true"></span>
        </div>
      </div>
      <span id="inputGroupSuccess3Status" class="sr-only">
        (Erfolg)
      </span>
    </form>
```

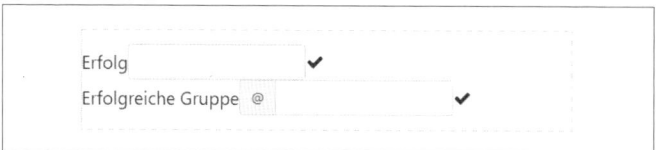

Abbildung 4-22: Semantische Meldungen

Optionale Symbole mit versteckten .sr-only-Abschnitten unterstützen Screenreader. Das Symbol wird automatisch passend ausgerichtet:

Beispiel 4-22: Meldungen für Screenreader (Form_SuccessSR.html)

```
    <form class="form-inline">
      <div class="form-group text-success has-feedback">
        <label class="form-control-label sr-only"
               for="inputSuccess5">Hidden label</label>
        <input type="text" class="form-control"
               id="inputSuccess5"
               aria-describedby="inputSuccess5Status">
        <span class="fa fa-check form-control-feedback"
              aria-hidden="true"></span>
        <span id="inputSuccess5Status" class="sr-only">
        (Erfolg)</span>
      </div>
      <div class="form-group text-success has-feedback">
        <label class="form-control-label sr-only"
               for="inputGroupSuccess4">Erfolgreiche Gruppe</label>
        <div class="input-group">
          <div class="input-group-prepend">
```

```
            <span class="input-group-text">@</span>
      </div>
      <input type="text"
             class="form-control"
             id="inputGroupSuccess4"
             aria-describedby="inputGroupSuccess4Status">
    </div>
    <span class="fa fa-check form-control-feedback"
          aria-hidden="true"></span>
    <span id="inputGroupSuccess4Status" class="sr-only">
    (Erfolg)</span>
  </div>
</form>
```

Formularelemente im Raster

Die Formatierung von Breite und Höhe wird mithilfe der üblichen Techniken vorgenommen. Für die Breite wird auf das Raster zurückgegriffen mit Klassen wie .col-lg-3 oder .col-md-5.

Beispiel 4-23: Anordnung im Raster (Form_Grid.html)

```
<form>
  <div class="row">
    <div class="col-sm-2">
      <input type="text" class="form-control"
             placeholder="2 columns">
    </div>
    <div class="col-sm-3">
      <input type="text" class="form-control"
             placeholder="3 columns">
    </div>
    <div class="col-sm-4">
      <input type="text" class="form-control"
             placeholder="4 columns">
    </div>
  </div>
</form>
```

Abbildung 4-23: Gesperrte Elemente

Anpassung der Feldhöhe

Die Höhe nutzt eigene Klassen, die eine passende Ausdehnung ergeben: .input-<xx></xx>. Die Gruppe muss ebenfalls angepasst werden, was mittels der Klasse .input-group-<xx></xx> passiert. Für den Platzhalter <xx> setzen Sie sm, md oder lg ein. xs ist hier der Standard, und dafür gibt es keine extra Klasse.

Beispiel 4-24: Größe der Elemente (Form_ElementsSize.html)

```
<form>
  <div class="input-group-lg">
    <input class="form-control input-lg"
           type="text" placeholder="Groß">
  </div>
  <div class="input-group-md">
    <input class="form-control"
           type="text" placeholder="Normal">
  </div>
  <div class="input-group-sm">
    <input class="form-control input-sm"
           type="text" placeholder="Klein">
  </div>
  <div class="input-group-lg">
    <select class="form-control input-lg">
      <option>1</option>
      <option>2</option>
      <option>3</option>
    </select>
  </div>
  <div class="input-group-md">
    <select class="form-control">
      <option>1</option>
      <option>2</option>
      <option>3</option>
    </select>
  </div>
  <div class="input-group-sm">
    <select class="form-control input-sm">
      <option>1</option>
      <option>2</option>
      <option>3</option>
    </select>
  </div>
</form>
```

Abbildung 4-24: Elemente in verschiedenen Größen

Die Größe horizontal laufender Formulare lässt sich zentral kontrollieren. Dazu wird die Klasse `.form-group-lg` oder `.form-group-sm` genutzt.

Beispiel 4-25: Größe der Elemente (Form_ElementsSizeHor.html)

```
<form>
  <div class="form-group row">
    <label class="col-sm-2 form-control-label"
           for="formGroupInputLarge">Großes Label</label>
    <div class="col-sm-10">
      <input class="form-control form-control-lg" type="text"
             id="formGroupInputLarge" placeholder="Große Eingabe">
    </div>
  </div>
  <div class="form-group row">
    <label class="col-sm-2 form-control-label small"
           for="formGroupInputSmall">Kleines Label</label>
    <div class="col-sm-10">
      <input class="form-control form-control-sm" type="text"
             id="formGroupInputSmall" placeholder="Kleine Eingabe">
    </div>
  </div>
</form>
```

Abbildung 4-25: Elemente ausgerichtet

Hilfetexte in Formularen

Hilfetexte für Formulare werden immer wieder benötigt. Zum einen werden sie natürlich angezeigt, zum anderen unterstützen sie für barrierefreie Seiten auch Screenreader. Damit das funktioniert, sollten die passenden aria-Attribute immer mit den Bootstrap-Klassen zusammen eingesetzt werden.

Beispiel 4-26: Hilfetexte in Formularen (Form_ElementsHelp.html)

```
<form>
  <div class="form-group form-group-lg">
    <label for="inputHelpBlock">Ihre Eingabe</label>
    <input type="text" id="inputHelpBlock" class="form-control"
        aria-describedby="helpBlock">
    <span id="helpBlock" class="text-gray-dark small">
        Sie haben etwas eingegeben.</span>
  </div>
</form>
```

Die in Bootstrap 3 vorhandene Klasse .help-block gibt es nicht mehr. Sie erzielen diesen Effekt mit .text-gray-dark und .small, haben aber mit weiteren Farben und Größen nun viel mehr Optionen, ohne weitere Klassen einsetzen zu müssen.

Abbildung 4-26: Hilfetexte

Schaltflächen

Schaltflächen (Buttons) sind in der einen oder anderen Form in jeder Webanwendung zu finden. Bootstrap sieht in Schaltflächen ein Gestaltungselement, das von technischen Rahmenbedingungen losgelöst ist. Technisch kann eine Schaltfläche nur ein Formular absenden, was praktisch immer eine POST-Anfrage auslöst. Wird dagegen ein Zugriff auf den Server via GET benötigt, kommt ein Hyperlink zum Einsatz. Gestalterisch stellt Bootstrap nun beides auf eine Stufe. Schaltflächen lassen sich mit <a>, <button> oder <input> erstellen.

Beispiel 4-27: Schaltflächen (Form_Buttons.html)
```
<a class="btn btn-secondary" href="#" role="button">
   Link
</a>
<button class="btn btn-secondary" type="submit">
    Schaltfläche
</button>
<input class="btn btn-secondary"
       type="button" value="Eingabe">
<input class="btn btn-secondary"
       type="submit" value="Absenden">
```

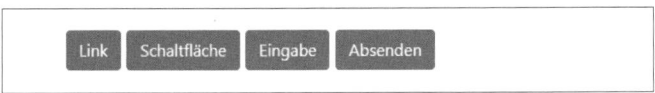

Abbildung 4-27: Schaltflächen – mehrere technische Varianten mit derselben Gestaltung

Es gibt jedoch die Einschränkung, dass in Navigationsleisten, die mit .nav oder .navbar aufgebaut sind, nur das neutrale Element <button> zulässig ist.

Werden <a>-Tags als Schaltfläche benutzt, sollten diese lediglich der Seitennavigation dienen und nicht ihre ursprüngliche Funktion als Hyperlink auslösen, weil das nicht das vom Benutzer erwartete Verhalten ist. Darüber hinaus sollte die Funktion durch role="button" unterstrichen werden. Auch dann ist es fraglich, ob das eine gute Idee ist, weil nicht bei allen Browsern sichergestellt werden kann, dass sich deren Funktion wie erwartet verhält. Nutzen Sie im Zwei-

felsfall für Schaltflächen – wann immer dies möglich ist – bevorzugt
<button>.

Semantische Schaltflächen

Schaltflächen gibt es in sechs Varianten mit semantischer Ausprägung:

- *Secondary*: Standard, grau, allgemeine Funktion.
- *Primary*: Löst die Hauptfunktion aus, visueller Effekt durch blaue Farbe verstärkt.
- *Success*: Erfolg, grün, positive oder bejahende Aktion.
- *Info*: Information, violett, verdeutlichende Hervorhebung kritischer oder spezieller Aktionen.
- *Warning*: Warnung, orange, kritische oder komplexe Aktion, bei der Vorsicht geboten ist.
- *Danger*: Gefahr, rot, gefährliche oder unumkehrbare Aktion, negativ.

Beispiel 4-28: Semantische Schaltflächen

```
<button type="button" class="btn btn-secondary">Standard</button>

<button type="button" class="btn btn-primary">Primär</button>

<button type="button" class="btn btn-success">Erfolg</button>

<button type="button" class="btn btn-info">Information</button>

<button type="button" class="btn btn-warning">Warnung</button>

<button type="button" class="btn btn-danger">Gefahr</button>
```

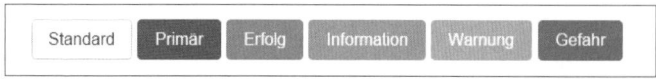

Abbildung 4-28: Semantische Schaltflächen

Wie bereits zuvor ist die Zuordnung einer ansatzweise semantischen Bedeutung mittels Farben auf Umgebungen beschränkt, die

Farben uneingeschränkt wiedergeben können. Zusätzliche Label, die mit .sr-only versehen sind, sollten die beabsichtigte Wirkung unterstreichen.

Darüber hinaus gibt es drei Varianten mit nicht semantischer Ausrichtung, die vor allem der Gestaltung dienen:

- *Light*: Helle Darstellung, schwarz auf weiß.
- *Dark*: Dunkle Darstellung, weiß auf schwarz.
- *Link*: Darstellung als Hyperlink (Verhalten bleibt eine Schaltfläche).

Größe und Aussehen

Für größere oder kleinere Schaltflächen sollten die Klassen .btn-lg bzw. .btn-sm benutzt werden. Sie ergänzen die Basisklasse .btn und sind unabhängig von der Farbgebung. Die Standardgröße eignet sich bereits für die Touchbedienung. Mausgesteuerte Seiten werden mit kleineren Schaltflächen besser aussehen. Die Größen xs und xl gibt es nicht, md ist der Standard, und dafür gibt es auch keine explizite Definition.

```
<p>
  <button type="button" class="btn btn-primary btn-lg">
    Groß
  </button>
  <button type="button" class="btn btn-secondary btn-lg">
    Groß
  </button>
</p>
<p>
  <button type="button" class="btn btn-primary">
    Primär
  </button>
  <button type="button" class="btn btn-secondary">
    Standard
  </button>
</p>
<p>
  <button type="button" class="btn btn-primary btn-sm">
    Klein
  </button>
```

```
<button type="button" class="btn btn-secondary btn-sm">
   Klein
</button>
</p>
```

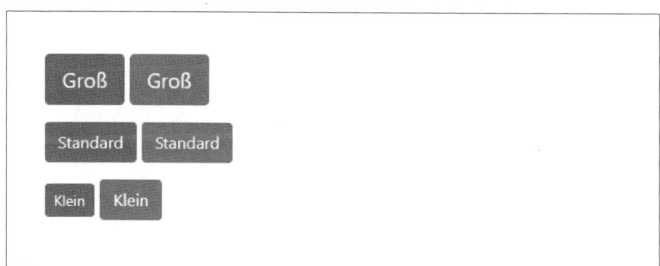

Abbildung 4-29: Größe der Schaltflächen

Manchmal sollen Schaltflächen das umgebende HTML-Element, in dem sie sind, komplett ausfüllen. Dazu dient die Klasse .btn-block.

Beispiel 4-29: Schaltflächen horizontal erweitert (Form_ButtonsContainer.html)

```
<button type="button"
        class="btn btn-primary btn-lg btn-block">
   Block
</button>
<button type="button"
        class="btn btn-secondary btn-lg btn-block">
   Block
</button>
```

Beachten Sie hier, dass das nur auf die Breite wirkt. Eine passende Höhe muss separat mit .btn-lg usw. erreicht werden.

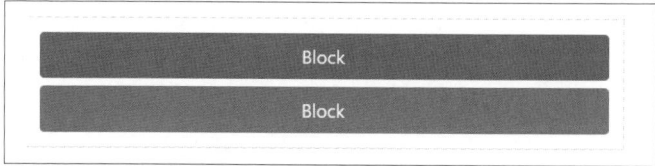

Abbildung 4-30: Schaltflächen horizontal erweitert

Schaltflächen | 97

Neben der Basisfarbe können Schaltflächen Zustände haben. Der Zustand »gedrückt« wird mit :active bzw. bei formatierten Hyperlinks auch mit .active erreicht. Fügen Sie für eine barrierefreie Ausprägung aria-pressed="true" hinzu.

```
<button type="button" class="btn btn-primary btn-lg active">
  Primär
</button>
<button type="button" class="btn btn-secondary btn-lg active">
  Standard
</button>
```

Bootstrap 4 bietet auch die Möglichkeit, umrandete Schaltflächen darzustellen. Damit wird die massive optische Wirkung der klassischen Schaltflächen vermieden. Bisher profitierten die Elemente von einem schwachen Farbverlauf, der einen leichten 3-D-Effekt erzeugte. Die in neueren Websites oft benutzten flachen, reduzierten Gestaltungen wirken damit aber überfrachtet. Hier greifen die »Outline«-Schaltflächen:

Beispiel 4-30: Semantische Schaltflächen mit Rahmen

```
<button type="button"
        class="btn btn-outline-secondary">Standard</button>

<button type="button"
        class="btn btn-outline-primary">Primär</button>

<button type="button"
        class="btn btn-outline-success">Erfolg</button>

<button type="button"
        class="btn btn-outline-info">Information</button>

<button type="button"
        class="btn btn-outline-warning">Warnung</button>

<button type="button"
        class="btn btn-outline-danger">Gefahr</button>
```

Abbildung 4-31: Semantische Schaltflächen mit Rahmen

Zustände

```
<a href="#"
   class="btn btn-primary btn-lg active"
   role="button">
  Primär
</a>
<a href="#"
   class="btn btn-secondary btn-lg active"
   role="button">
  Link
</a>
```

Der Zustand »deaktiviert« (disabled) zeigt an, dass die Schaltfläche nicht gedrückt werden kann. Dazu wird das HTML-Attribut disabled benutzt.

```
<button type="button"
        class="btn btn-lg btn-primary"
        disabled="disabled">Primär</button>
<button type="button"
        class="btn btn-secondary btn-lg"
        disabled="disabled">Standard</button>
```

Für als Hyperlinks formatierte Schaltflächen kann die Klasse .disabled benutzt werden.

```
<a href="#"
   class="btn btn-primary btn-lg disabled"
   role="button">Primär</a>
<a href="#"
   class="btn btn-secondary btn-lg disabled"
   role="button">Link</a>
```

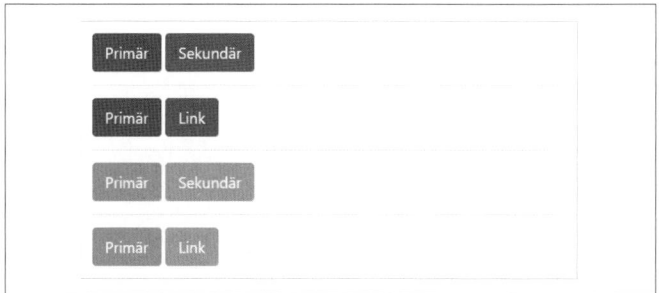

Abbildung 4-32: Diverse Zustände einer Schaltfläche

Nur CSS

Beachten Sie, dass die Abschaltung von Elementen mit CSS-Klassen lediglich Kosmetik ist. Auch die Nutzung von `pointer-events: none` verhindert nicht, dass sich solche Elemente mit der Tastatur anwählen und auslösen lassen. Sie müssen hier fast immer mit eigenem JavaScript dafür sorgen, dass die Funktion mit der Darstellung übereinstimmt.

KAPITEL 5
Weitere Bausteine

In diesem Kapitel geht es um Bilder, Effekte und Symbole. Bilder werden nur eingeschränkt unterstützt. Für die Gestaltung von Bildern sind nur einige wenige Effekte verfügbar.

Symbole

Die Symbole – genauer gesagt, fontbasierte Icons – sind die Grundlage der Symbolfunktionen. Bootstrap 4 enthält keine eigenen Icons (Glyphicons) mehr, und Sie müssen eine der vielen Icon-Fontbibliotheken nutzen, die entweder frei verfügbar sind oder kommerziell angeboten werden.

Warum Symbolfonts?

Fontbasierte Symbole vermeiden das Problem, dass einzelne Symbole oder Icons zu einer Flut weiterer HTTP-Requests (Serveranfragen) führen. Stattdessen werden alle Symbole als ein Font geladen – also in einer Datei. Allerdings verhält sich ein Symbol dann wie ein Buchstabe. Er ist in Größe und Ausdehnung veränderbar, kann aber nur eine Farbe annehmen. Fonts sind zudem meist flach, 3-D-Effekte scheiden hier aus. Für schnelle, moderne Webseiten haben sich Font-Symbole jedoch etabliert.

Alternativen

Folgende Alternativen stehen darüber hinaus zu Verfügung:

- Font Awesome (*http://fortawesome.github.io/Font-Awesome/*): 675 Symbole

- Octicons, die Github-Icons (*https://octicons.github.com/*): 160 Symbole
- Elegant Icon Font (*http://www.elegantthemes.com/blog/resources/elegant-icon-font*): 350 Symbole
- Typicons (*http://typicons.com*): 336 Symbole
- Meteocons (*http://www.alessioatzeni.com/meteocons*): 40 Wettersymbole
- Open Iconic (*https://useiconic.com/open*): 223 Symbole, die sich bis auf 8 Pixel verkleinern lassen

Dies ist freilich nur eine kleine Auswahl und soll dazu anregen, vor den ersten Designversuchen die passende Unterstützung zu suchen.

In diesem Buch wird für zusätzliche Symbole Font Awesome benutzt.

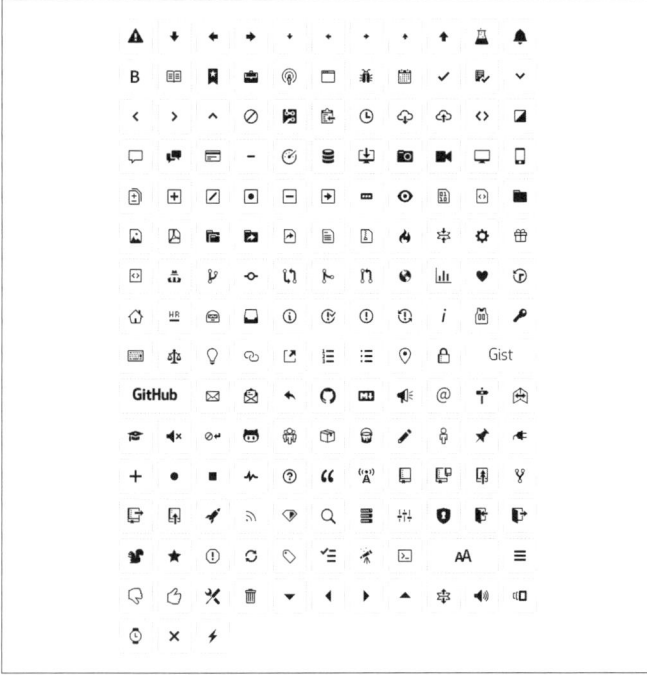

Nutzung der Symbole

Die folgenden Beispiele zeigen die Vorgehensweise anhand der Bibliothek *Font Awesome*. Binden Sie die Dateien mit **npm** ein:

```
$ npm install font-awesome --save
```

Die Konfigurationsdatei *package.json* sieht dann folgendermaßen aus (Ausschnitt):

```
"dependencies": {
  "bootstrap": "^4.0.0",
  "font-awesome": "^4.7.0",
  "jquery": "^3.3.1",
  "popper.js": "^1.12.9"
}
```

In die HTML-Datei kommt ein weiterer Link auf die CSS-Definition:

```
<link href="../css/font-awesome.css"
      rel="stylesheet" />
```

Um die Definition kompakt zu halten, werden alle Symbole über eine Basisklasse und eine Symbolklasse definiert. Wenn ein Symbol im laufenden Text oder als Ergänzung eines Texts auf einer Schaltfläche erscheint, sollte es mit einem Leerzeichen getrennt werden.

Symbolklassen sollten immer ein exklusives Element haben und sich das Element nicht mit anderen Klassen teilen. Im Zweifelsfall tut es ein zusätzliches <span>-Element. Kindelemente sollten ebenso vermieden werden. Wenn Symbole keine semantische Bedeutung haben, sondern lediglich dekorativen Zwecken dienen, vermeiden Sie die Ausgabe durch Screenreader mit aria-hidden="true". Umgekehrt sollten Sie Screenreader explizit bedienen, wenn das Symbol eine Bedeutung hat, und weiteren Text mit .sr-only versteckt hinzufügen.

```
<span class="fa fa-search"
      aria-hidden="true"></span>
```

Nutzung auf Schaltflächen

Einige Beispiele zeigen, wie Symbole auf Schaltflächen benutzt werden können.

Beispiel 5-1: Schaltflächen mit Symbolen (Icons_Btn.html)

```
<button type="button"
        class="btn btn-secondary"
        aria-label="Left Align">
  <span class="fa fa-align-left"
        aria-hidden="true">
  </span>
</button>

<button type="button"
        class="btn btn-secondary btn-lg">
  <span class="fa fa-star"
        aria-hidden="true">
  </span> Star
</button>
```

Abbildung 5-1: Schaltflächen mit Symbolen

Meldungen

In einer Meldung eignen sich Symbole zum Hervorheben oder zum Anzeigen einer Ausblendmöglichkeit:

Beispiel 5-2: Meldungen mit Symbolen (Icons_Messages.html)

```
<div class="alert alert-danger" role="alert">
  <span class="fa fa-exclamation" aria-hidden="true"></span>
  <span class="sr-only">Error</span>
  Geben Sie eine gültige Adresse ein
</div>
```

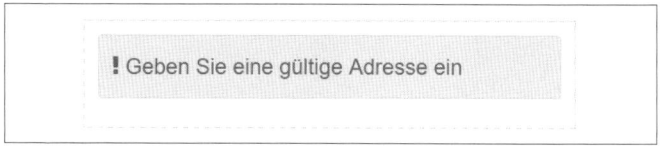

Abbildung 5-2: Meldungen mit Symbolen

Häufig verwendete Symbole

Ein Symbol zum Schließen von Dialogen oder Meldungen definieren Sie wie folgt:

```
<button type="button" class="close" aria-label="Close">
<span aria-hidden="true">&times;</span></button>
```

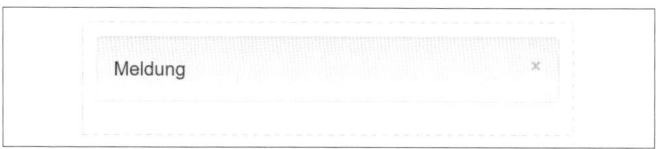

Abbildung 5-3: Verwendung eines Schließen-Symbols (ohne Funktion)

Ein Hinweis auf ein Kontextmenü wird mit caret erzeugt:

```
<span class="caret"></span>
```

Abbildung 5-4: Verwendung eines Kontextmenüs

Responsive Bilder

Bilder haben normalerweise eine natürliche Höhe und Breite. Auf großen Bildschirmen ist das unkritisch, auf kleinen können sie jedoch schnell über den sichtbaren Bereich (Viewport) hinausragen. Mit `.img-fluid` lassen sich Bilder besser darstellen. Diese Klasse erzwingt drei Aktionen:

- `max-width: 100%;`
- `height: auto;`
- `display: block;`

Damit wird das Bild höchstens so breit angezeigt wie das Element, das es umgibt. Sollte es gegenüber der natürlichen Größe extrem verkleinert sein, sollten Sie in Erwägung ziehen, die Skalierung serverseitig zu lösen. Sie benötigen sonst viel Bandbreite und bieten dem Anwender aber nur einen geringen Nutzen.

Wenn `.img-fluid` eingesetzt wird, stehen einige weitere Optionen zu Verfügung. Die Klasse `.center-block` zentriert das Bild im Container.

SVG und IE 8 bis 10

Im Internet Explorer 8 bis 10 werden SVG-Bilder (Scalable Vector Graphics) mit `.img-fluid` ungünstig skaliert. Um das zu vermeiden, sollten Sie selbst jedem Bild die Stilregel `width: 100% \9;` hinzufügen. Bootstrap macht das nicht automatisch, weil es für andere Formate Nachteile hätte.

```
<img src="..." class="img-fluid" alt="Responsive image">
```

Die Klasse `.img-responsive` aus Bootstrap 3 gibt es nicht mehr. Sie wurde durch `.img-fluid` ersetzt.

Bilder lassen sich leicht als kleinformatige Vorschau bringen, indem Sie folgende Klasse benutzen:

- `.img-thumbnail`: Vorschaubild

Beispiel 5-3: Effekte für Bilder (Image_Effects.html)

```
<img src="..." alt="..." class="col-2 img-thumbnail">
```

Abbildung 5-5: Bildeffekte

Eingebettete Quellen

Eingebettete Quellen für Video, Audio oder externe HTML-Seiten basieren auf <iframe>-, <embed>-, <video>- und <audio>-Elementen. Die bei Frames üblicherweise genutzte Attributierung mit frameborder="0" liefert Bootstrap automatisch mit. Die Klasse embed-responsive kümmert sich um die korrekte Darstellung, und das Format kann mit einer weiteren Klasse angegeben werden:

- .embed-responsive-16by9: Format 16 : 9
- .embed-responsive-4by3: Format 4 : 3

```
<!-- 16:9 aspect ratio -->
<div class="embed-responsive embed-responsive-16by9">
  <iframe class="embed-responsive-item" src="..."></iframe>
</div>

<!-- 4:3 aspect ratio -->
<div class="embed-responsive embed-responsive-4by3">
  <iframe class="embed-responsive-item" src="..."></iframe>
</div>
```

Farben und Hintergründe

Farben und Hintergründe gelten global, können also auf einer Vielzahl der zuvor gezeigten Elemente zum Einsatz kommen.

Textfarbe

Für Textfarben stehen wieder einige Klassen bereit, die eine leicht semantische Bedeutung haben. Die primären Klassen sind:

- `text-muted`: unterdrückt, heller und grau
- `text-primary`: primär, Hauptaktion oder primäre Aussage, blau, wichtig
- `text-success`: Erfolg, grün, positiv
- `text-info`: Information, violett, hervorzuheben, Aufmerksamkeit erforderlich
- `text-warning`: Warnung, orange, Aktion ist folgenreich oder Meldung kritisch
- `text-danger`: Gefahr, rot, Fehler oder Unumkehrbares, ernsthafte Warnung

Beispiel 5-4: Farben für Text (Text_Colors.html)

```
<p class="text-muted">...</p>
<p class="text-primary">...</p>
<p class="text-success">...</p>
<p class="text-info">...</p>
<p class="text-warning">...</p>
<p class="text-danger">...</p>
```

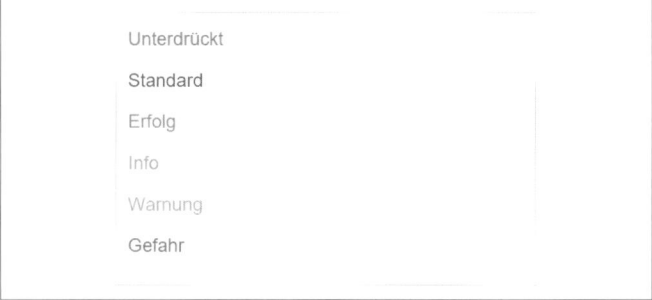

Abbildung 5-6: Textfarben

Wenn die Zuweisung zu einem Element – `<p>` ist hier nur ein Beispiel – nicht den gewünschten Effekt hat, kann die Nutzung eines weiteren `<span>`-Elements hilfreich sein. Erneut gilt, dass die schwach semantische Bedeutung nicht barrierefrei ist und Screenreader diese Information nicht wiedergeben. Zusätzliche Angaben, die mit `.sr-only` versteckt werden, sind die richtige Lösung.

Neben den semantischen Farben gibt es gestalterische Klassen:

- text-light: hell, am besten mit bg-dark kombinieren
- text-dark: dunkel
- text-white: weiß, am besten mit bg-dark kombinieren

Hintergrundfarbe

Für Hintergrundfarben stehen ähnliche Klassen bereit, die eine leicht semantische Bedeutung haben. Die primären Begriffe sind:

- *Primary*: primär, Hauptaktion oder primäre Aussage, blau
- *Success*: Erfolg, grün, positiv
- *Info*: Information, violett, hervorzuheben, Aufmerksamkeit erforderlich
- *Warning*: Warnung, orange, Aktion ist folgenreich oder Meldung kritisch
- *Danger*: Gefahr, rot, Fehler oder Unumkehrbares, ernsthafte Warnung

```
<p class="bg-primary">...</p>
<p class="bg-success">...</p>
<p class="bg-info">...</p>
<p class="bg-warning">...</p>
<p class="bg-danger">...</p>
```

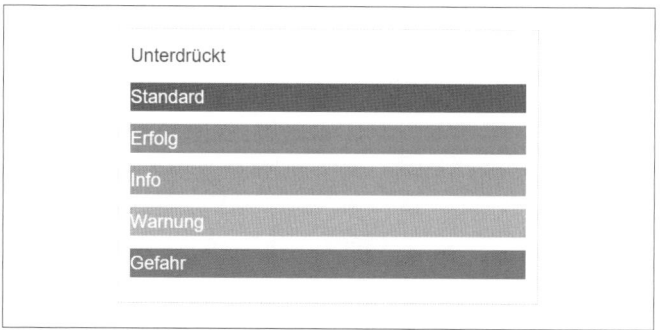

Abbildung 5-7: Hintergrundfarben

Wenn die Zuweisung zu einem Element – `<p>` ist hier nur ein Beispiel – nicht den gewünschten Effekt hat, kann die Nutzung eines weiteren `<div>`-Elements hilfreich sein. Erneut gilt, dass die schwach semantische Bedeutung nicht barrierefrei ist und Screenreader diese Information nicht wiedergeben. Zusätzliche Angaben, die mit `.sr-only` versteckt werden, sind die richtige Lösung.

Zwei gestalterische Werte ergänzen die semantischen Farben:

- *Dark*: dunkel, effektiv ist das Schwarz
- *Light*: Hell, effektiv ist das Weiß

Ausrichtung von Elementen im Dokumentenfluss

Der natürliche Fluss (die Elementfolge) auf einer Seite lässt sich durch die Klassen `.float-<xx>-left</xx>` und `.float-<xx>-right</xx>` verändern. `<xx>` ist wieder der Platzhalter für die Werte sm, md, lg oder xl. Bei der Anwendung wird das Element immer zwingend an den rechten bzw. linken Rand gezogen, auch wenn damit die natürliche Reihenfolge verändert wird. Intern basiert dies auf der Regel float.

```
<div class="float-md-left">...</div>
<div class="float-md-right">...</div>
```

Dies sollte nicht in Navigationsleisten erfolgen, dort gibt es die spezifischen Klassen `.navbar-left` und `.navbar-right`. Auf die explizite Angabe der Breite kann verzichtet werden:

```
<div class="float-left">Links</div><br>
<div class="float-right">Rechts</div><br>
<div class="float-none">Unbestimmt (meist links)</div>
```

Zentrieren

Mit `.text-<xx>-center` lässt sich ein Element im Container zentrieren:

```
<div class="text-md-center">...</div>
```

`<xx>` ist wieder der Platzhalter für die Werte xs, sm, md oder lg.

 Benutzen Sie niemals das veraltete HTML-Element <center>!

Umbruch: Clearfix

Um den Fluss zu unterbrechen, wird .clearfix auf das Elternelement angewendet.

```
<div class="clearfix">...</div>
```

Ein Umbruch im Fluss der HTML-Elemente sollte sich eigentlich leicht mit display:block erreichen lassen. Tatsächlich gehört die ewige Clearfix-Geschichte zu den komplexesten Hacks in der CSS-Welt. Was also steckt dahinter? Zuerst die Definition in Bootstraps SASS-Quellcode:

```
@mixin clearfix() {
  &::after {
    content: "";
    display: table;
    clear: both;
  }
}
```

Dieser Code erzeugt Pseudoelemente und setzt den Display-Modus auf table. Das erzeugt eine anonyme Tabellenzelle im Blockformat. Die :before-Regel verhindert, dass der obere Rahmen mit dem vorhergehenden Element zusammenfällt (kollabiert). Damit wird verhindert, dass ein »fremder« Abstand stört. Die :after-Regel erzeugt den eigentlichen Umbruch des Elements auf die nächste Zeile.

Inhalte anzeigen und verstecken

Mit den Klassen .hidden-<xx> werden Inhalte explizit angezeigt oder versteckt. Die Anwendung gelingt jedoch nur für Blockelemente wie beispielsweise <div>. <xx> ist wieder der Platzhalter für die Werte xs, sm, md oder lg.

```
<div class="hidden-xs hidden-sm">...</div>
```

Das Anzeigen oder Ausblenden kann auch von der Gerätebreite abhängig gemacht werden. Dazu dienen folgende Klassen:

- `.hidden-xs`: Ausblenden nur bei xs
- `.hidden-sm`: Ausblenden nur bei sm
- `.hidden-md`: Ausblenden nur bei md
- `.hidden-lg`: Ausblenden nur bei lg
- `.hidden-xl`: Ausblenden nur bei xl

Analog zu Bildschirmen lassen sich auch Inhalte beim Drucken anzeigen oder ausblenden:

- `.visible-print-block`
- `.visible-print-inline`
- `.visible-print-inline-block`
- `.hidden-print`

KAPITEL 6
Komponenten

Komponenten sind Bausteine aus der Bootstrap-Bibliothek, die eine bestimmte Funktionalität liefern und die über die reine Nutzung von CSS hinausgehen. Um sie zu nutzen, wird zusätzlich zu CSS eine Kombination aus HTML, JavaScript und Fontbibliotheken eingesetzt.

Bootstrap und Angular/React

Wenn Sie mit einem Framework arbeiten, das die Kontrolle über das DOM mittels eines Schatten-DOM erlangt, funktionieren die jQuery-basierten Plug-ins nicht. Sie müssen dann nach einer passenden Kompatibilitätsbibliothek suchen und auf die mitgelieferten JavaScript-Bausteine in diesem Kapitel verzichten. Auf *npm* ist eine reiche Auswahl an derartigen Bibliotheken zu finden.

Aufklappmenüs (dropdown)

Aufkappmenüs oder Drop-down-Menüs sind fester Bestandteil vieler Formulare. Die Interaktion ist komplex und basiert teilweise auf JavaScript. Dies muss nicht separat aktiviert werden, die data--Attribute greifen hier, konkret data-toggle="dropdown". Auch Menüs profitieren von Symbolen.

In Bootstrap 4 werden Menüs nicht mehr mit `<ul><li></li></ul>` erstellt, sondern mit `<div>` und normalen Schaltflächen oder Anchor-Tags, die mit `.dropdown-menu` bzw. `.dropdown-item` dekoriert werden.

```
print "Hello World"
```

Beispiel 6-1: Menü nach unten klappen (Icons_DropDown.html)

```
<div class="dropdown">
  <button class="btn btn-secondary dropdown-toggle"
          type="button"
          id="dropdownMenu1"
          data-toggle="dropdown"
          aria-haspopup="true" aria-expanded="true">
    Runterklappen
    <span class="caret"></span>
  </button>
  <div class="dropdown-menu" aria-labelledby="dropdownMenu1">
    <a class="dropdown-item" href="#">Bearbeiten</a>
    <a class="dropdown-item" href="#">Löschen</a>
    <a class="dropdown-item" href="#">Details</a>
    <a class="dropdown-item" href="#">Sperren</a>
  </div>
</div>
```

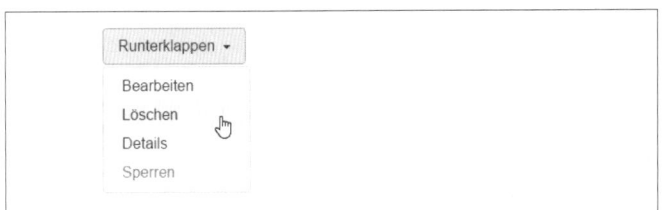

Abbildung 6-1: Menü nach unten klappen

Mit der Klasse .dropup kann das Menü nach oben ausklappen statt nach unten.

Beispiel 6-2: Menü nach oben klappen (Icons_DropUp.html)

```
<div class="dropup">
  <button class="btn btn-secondary dropdown-toggle"
          type="button"
          id="dropdownMenu2" data-toggle="dropdown"
          aria-haspopup="true" aria-expanded="false">
    Hochklappen
    <span class="caret"></span>
  </button>
  <div class="dropdown-menu" aria-labelledby="dropdownMenu2">
    <a class="dropdown-item" href="#">Bearbeiten</a>
    <a class="dropdown-item" href="#">Löschen</a>
```

```
        <a class="dropdown-item" href="#">Details</a>
        <a class="dropdown-item" href="#">Sperren</a>
    </div>
</div>
```

Abbildung 6-2: Menü nach oben klappen

Ausrichtung des Menüs

Normalerweise ist das Menü links ausgerichtet. Mit `.dropdown-menu-right` lässt es sich im Container rechts ausrichten. Ansonsten folgt die Positionierung der Menüs dem normalen Fluss der Elemente der Seite. Dies ist sicherer als die Benutzung von `.pull-right`, das hier nicht offiziell unterstützt wird. Sollte eine Ausrichtung in einem Elternelement erfolgen, die aufgehoben werden muss, nutzen Sie `.dropdown-menu-left`.

Beispiel 6-3: Ausrichtung im Container (Icons_DropDown_Right.html)

```
<div class="dropdown-menu dropdown-menu-right"
     aria-labelledby="dLabel">
  ...
</div>
```

Abbildung 6-3: Ausrichtung im Container

Dekorationselemente

Dekorationselemente werten Menüs optisch auf. Sie sollen vor allem die Lesbarkeit langer Menüs verbessern und nicht nur Schmuckzwecken dienen.

Zwischenüberschriften in Menüs

Inaktive Zwischenüberschriften können zur Dekoration hinzugefügt werden. Dazu wird ein normales Überschriftenelement passender Größe verwendet; meist passt <h6> ganz gut.

Beispiel 6-4: Zwischenüberschrift (Icons_Dropdown_Header.html)

```
<div class="dropdown-menu"
    aria-labelledby="dropdownMenu3">
  ...
  <h6 class="dropdown-header">Wichtiges</h6>
  ...
</div>
```

Abbildung 6-4: Zwischenüberschrift

Trennlinien

Um eine Reihe von Links optisch auseinanderzuhalten, nutzen Sie Trennlinien. Das macht lange Menüs besser lesbar. Mit der Klasse .dropdown-divider wird der Effekt erzielt.

Beispiel 6-5: Trennlinie (Icons_DropDown_Sep.html)

```
<div class="dropdown-menu"
    aria-labelledby="dropdownMenuDivider">
  ...
```

```
    <div role="separator" class="dropdown-divider" />
    ...
</div>
```

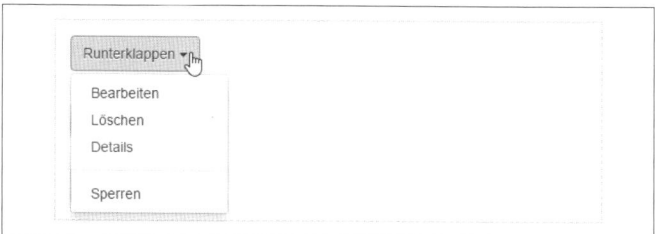

Abbildung 6-5: Trennlinie

Alternativ ist auch der Einsatz von `<hr />` möglich.

Deaktivierte Links

Mit `.disabled` wird das `<li>` eines Menüeintrags deaktiviert.

Beispiel 6-6: Deaktivierter Eintrag (Icons_DropDown_Dis.html, Ausschnitt)

```
<div class="dropdown-menu" aria-labelledby="dropdownMenu1">
    <a class="dropdown-item" href="#">Bearbeiten</a>
    <a class="dropdown-item" href="#">Löschen</a>
    <a class="dropdown-item" href="#">Details</a>
    <div role="separator" class="dropdown-divider"></div>
    <a class="dropdown-item disabled" href="#">Sperren</a>
</div>
```

Abbildung 6-6: Deaktivierter Eintrag

Werkzeugleisten (toolbar)

Werkzeugleisten (Toolbars) sind technisch gesehen Gruppen von Schaltflächen. Die Schaltflächen stehen dabei horizontal nebeneinander. Eingebettete Kontrollkästchen und Optionsschalter benötigen JavaScript, um korrekt zu arbeiten. Das muss nicht manuell aktiviert werden.

Tooltipps und Popover benötigen spezielle Einstellungen – con tainer: 'body' in den Optionen des JavaScript-Teils –, um anzugeben, wo das Element an das DOM andocken darf, um den Rendervorgang auszulösen. body ist meist passend, allerdings kann hier jedes Containerelement adressiert werden.

```
$("#testsettracesBtn1").popover({
    container: 'body'
});
```

Mit dem role-Attribut wird die semantische Bedeutung unterstützt – entweder role="group" oder role="toolbar". Wie bereits zuvor ist die Unterstützung von Screenreadern sinnvoll, was mit aria-label oder aria-labelledby erreicht wird.

```
<div class="btn-group" role="group" aria-label="...">
 <button type="button" class="btn btn-secondary">Links</button>
 <button type="button" class="btn btn-secondary">Mitte</button>
 <button type="button" class="btn btn-secondary">Rechts</button>
</div>
```

Komplexere Werkzeugleisten lassen sich erstellen, indem zusätzliche <div class="btn-group">-Elemente in <div class="btn-tool-bar"> verschachtelt werden, wie hier gezeigt:

```
<div class="btn-toolbar" role="toolbar" aria-label="">
 <div class="btn-group" role="group" aria-label="">...</div>
 <div class="btn-group" role="group" aria-label="">...</div>
 <div class="btn-group" role="group" aria-label="">...</div>
</div>
```

Mit .btn-group--Klassen lassen sich komplette Gruppen von Schaltflächen in der Größe anpassen. Die üblichen Suffixe xs, sm und lg stehen zur Verfügung – der Standardwert ist md.

```html
<div class="btn-group btn-group-lg"
     role="group"
     aria-label="...">...</div>
<div class="btn-group"
     role="group"
     aria-label="...">
  ...
</div>
<div class="btn-group btn-group-sm"
     role="group"
     aria-label="...">
  ...
</div>
<div class="btn-group btn-group-xs"
     role="group"
     aria-label="...">
  ...
</div>
```

Wenn Gruppen mit Aufklappmenüs kombiniert werden sollen, lassen sich die .btn-group-Klassen verschachteln.

Beispiel 6-7: Werkzeugleiste mit Schaltflächen (Toolbar.html)

```html
<div class="btn-toolbar" role="toolbar" aria-label="Toolbar">
  <div class="btn-group" role="group">
    <button type="button"
            class="btn btn-secondary dropdown-toggle"
            data-toggle="dropdown"
            aria-haspopup="true" aria-expanded="false">
      Sortieren
      <span class=fa fa-caret-down></span>
    </button>
    <div class="dropdown-menu">
      <a class="dropdown-item" href="#">Absteigend</a>
      <a class="dropdown-item" href="#">Aufsteigend</a>
    </div>
  </div>
  <div class="btn-group" role="group">
    <button class="btn btn-danger">Löschen</button>
  </div>
  <div class="btn-group" role="group">
    <button class="btn btn-primary">Details</button>
  </div>
</div>
```

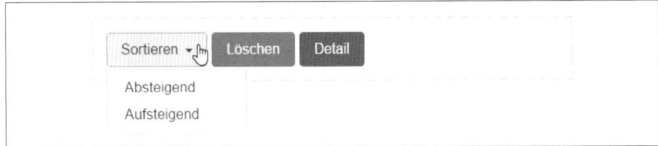

Abbildung 6-7: Werkzeugleiste mit Schaltflächen

Vertikale Ausrichtung

Bislang wurde davon ausgegangen, dass Werkzeugleisten immer horizontal verlaufen. Sollen sie am Rand angeordnet werden, ist eine vertikale Form besser geeignet. Der folgende Code zeigt, wie es geht. Im Code wird für die Symbole *Font Awesome* eingesetzt. Das entsprechende CSS muss zusätzlich eingebunden werden.

Beispiel 6-8: Vertikale Werkzeugleiste mit Schaltflächen (Toolbar_Vertical.html)

```
<div class="btn-toolbar" role="toolbar" aria-label="Toolbar">
  <div class="btn-group-vertical" role="group">
    <button class="btn btn-info">
      <span class="fa fa-plus"></span>
    </button>
    <button class="btn btn-info">
      <span class="fa fa-minus"></span>
    </button>
    <button class="btn btn-danger">Löschen</button>
    <button class="btn btn-primary">Detail</button>
  </div>
</div>
```

Geteilte Schaltflächen (split buttons) oder Aufklappmenüs können hier nicht benutzt werden – die Menüs werden falsch platziert.

Abbildung 6-8: Vertikale Werkzeugleiste mit Schaltflächen

Allgemeine Optionen

Einige Effekte lassen sich auf Werkzeugleisten allgemein anwenden. Die bisher mögliche Ausdehnung auf die gesamte Breite (.-justified-Optionen) besteht nicht mehr.

Um innerhalb einer Seite navigieren zu können, wird meist ein <a>-Tag benutzt, das lediglich wie eine Schaltfläche formatiert wird. Wichtig ist hier, den semantischen Hinweis zu belassen und das Attribut role="button" zu benutzen.

```
<div class="btn-group"
     role="group" aria-label="...">
  <a class="btn btn-primary" role="button" href="#">Zurück</a>
  <a class="btn btn-primary" role="button" href="#">2</a>
  <a class="btn btn-primary" role="button" href="#">Ende</a>
</div>
```

Schaltfläche mit Menü (button group)

Jede Schaltfläche kann Auslöser eines Aufklappmenüs sein. Die Schaltfläche kann dazu in einem oder zweigeteilt erscheinen.

Einfache Schaltfläche mit Menü

Die Anordnung muss in einer .btn-group-Klasse stehen. Die Funktion benötigt JavaScript. Wenn nicht die gesamte Bibliothek, sondern nur ein Teil benutzt wird, ist das *DropDown-Plug-in* erforderlich.

Beispiel 6-9: Werkzeugleiste mit Aufklappmenü (Toolbar_DropDown.html)

```
<div class="btn-toolbar" role="toolbar" aria-label="Toolbar">
  <div class="btn-group" role="group">
    <button type="button" class="btn btn-secondary">
      Datei
    </button>
    <button type="button"
            class="btn btn-secondary dropdown-toggle"
            data-toggle="dropdown"
            aria-haspopup="true" aria-expanded="false">
      Aktion
    </button>
```

```
      <div class="dropdown-menu">
        <a class="dropdown-item" href="#">Ansehen</a>
        <a class="dropdown-item" href="#">Verschieben</a>
        <a class="dropdown-item" href="#">Kopieren</a>
        <div role="separator" class="dropdown-divider"></div>
        <a class="dropdown-item" href="#">Löschen</a>
      </div>
    </div>
</div>
```

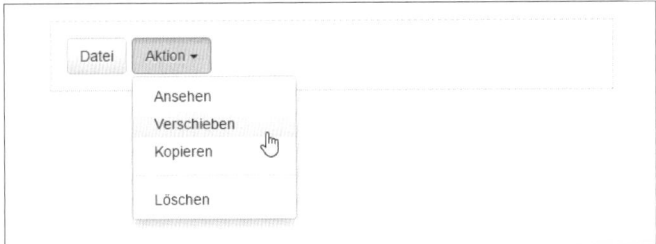

Abbildung 6-9: Werkzeugleiste mit Aufklappmenü

Der Trigger für das JavaScript ist das Attribut `data-toggle="dropdown"`. Das schwarze Dreieck, das die Menüoption andeutet, wird mit der Klasse `.caret` erzeugt.

Geteilte Schaltfläche mit Menü

Eine geteilte Schaltfläche (split button) entsteht einfach durch ein weiteres `<button>`-Element. Üblicherweise löst eine solche Schaltfläche eine Standardoption aus der Liste der Optionen aus, die das Menü anbietet.

Beispiel 6-10: Werkzeugleiste mit geteilter Schaltfläche (Toolbar_Split.html)

```
<div class="btn-toolbar" role="toolbar" aria-label="Toolbar">
  <div class="btn-group">
    <button type="button" class="btn btn-danger">
      Standard
    </button>
    <button type="button"
            class="btn btn-danger dropdown-toggle"
```

```
            data-toggle="dropdown"
            aria-haspopup="true" aria-expanded="false">
    <span class=fa fa-caret-down></span>
    <span class="sr-only">Öffne Menü</span>
  </button>
  <div class="dropdown-menu">
    <a class="dropdown-item" href="#">Standard</a>
    <a class="dropdown-item" href="#">Weitere</a>
    <a class="dropdown-item" href="#">Mehr</a>
    <div role="separator" class="dropdown-divider"></div>
    <a class="dropdown-item" href="#">Anders</a>
  </div>
 </div>
</div>
```

Abbildung 6-10: Werkzeugleiste mit geteilter Schaltfläche

Größen von Menüschaltflächen

Grundsätzlich sind Menüs mit Schaltflächen jeder Größe einsetzbar. Das Menü passt sich den Stilen btn-lg und btn-sm an. btn-md ist der Standard und muss nicht angegeben werden.

Beispiel 6-11: Menügrößen (Toolbar_Size.html)
```
<div class="btn-group">
  <button class="btn btn-secondary btn-lg dropdown-toggle"
          type="button" data-toggle="dropdown"
          aria-haspopup="true" aria-expanded="false">
    Riesig <span class=fa fa-caret-down></span>
  </button>
  <div class="dropdown-menu">
    ...
  </div>
</div>
```

```html
<div class="btn-group">
  <button class="btn btn-secondary dropdown-toggle"
          type="button" data-toggle="dropdown"
          aria-haspopup="true" aria-expanded="false">
    Normal <span class=fa fa-caret-down></span>
  </button>
  <div class="dropdown-menu">
    ...
  </div>
</div>

<div class="btn-group">
  <button class="btn btn-secondary btn-sm dropdown-toggle"
          type="button" data-toggle="dropdown"
          aria-haspopup="true" aria-expanded="false">
    Klein <span class=fa fa-caret-down></span>
  </button>
  <div class="dropdown-menu">
    ...
  </div>
</div>
```

Beachten Sie hier, dass sich die Angaben verglichen mit Bootstrap 3 geändert haben. Der Stil .btn-xs wird nicht mehr unterstützt. Die kleinste Form ist sm.

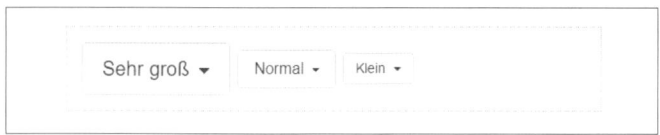

Abbildung 6-11: Menügrößen

Spezielle Menüvarianten

Mithilfe der Klasse .dropup kann das Menü nach oben ausklappen.

```html
<div class="btn-group dropup">
  <button type="button" class="btn btn-secondary">
    Hochklappen
  </button>
  <button type="button"
          class="btn btn-secondary dropdown-toggle"
          data-toggle="dropdown"
```

```
            aria-haspopup="true" aria-expanded="false">
    <span class="caret"></span>
    <span class="sr-only">Hochklappen</span>
  </button>
  <div class="dropdown-menu">
    <!-- Hier stehen Menüelemente -->
  </div>
</div>
```

Navigation (nav, navbar)

Die Navigationselemente werden alle durch eine gemeinsame Basisklasse .nav eingeleitet. Wenn mittels Tabs navigiert wird, ist JavaScript erforderlich. Für die Unterstützung des barrierefreien Zugangs sollte das Attribut role="navigation" auf dem logisch darüberliegenden Container eingesetzt werden. Das gibt der Navigation die nötige semantische Bedeutung. Wichtig dabei ist, dies nicht auf dem <ul>-Element zu tun, sondern auf dem umschließenden <nav> oder <div>.

Grundsätzlich sollte bei der Navigation zwischen Inhaltsnavigation und Aktionsnavigation unterschieden werden. Inhalte lassen sich über Links, Schaltflächen oder auch Tabs erreichen. Aktionsnavigation findet dagegen über Schaltflächen, Menüs, Werkzeugleisten, Menübänder usw. statt. Formulare zählen dabei zum Inhalt. Nur die Schaltfläche zum Absenden ist beispielsweise eine Aktion.

Tabs (tabs)

Tabs sind ideal, um mehrere Formulare logisch zu trennen oder ein großes Formular in handhabbare Bereiche zu zerlegen.

Beispiel 6-12: Tabs (Nav_tab.html)

```
<ul class="nav nav-tabs">
  <li class="nav-item" role="presentation">
    <a data-toggle="tab"
       class="nav-link active"
       href="#">Start</a>
  </li>
  <li class="nav-item" role="presentation">
    <a data-toggle="tab"
```

```
         class="nav-link"
         href="#">Profil</a>
   </li>
   <li class="nav-item" role="presentation">
      <a data-toggle="tab"
         class="nav-link"
         href="#">Nachrichten</a>
   </li>
</ul>
```

Beachten Sie hier die Positionierung der Klassen .nav-item und .nav-link.

Abbildung 6-12: Tabs

Für eine vollständige Funktion ist JavaScript erforderlich. Bootstrap bringt den Code mit. Die Aktivierung erfolgt über das Attribut data-toggle="tab". Tabs, die mit eigenem Code aktiviert werden sollen, tragen dieses Attribut nicht.

Navigationsschaltflächen (pills)

Mit der Klasse .nav-pills erhalten Sie ebenfalls ein schaltflächenartiges Design, das große Ähnlichkeit mit den Tabs aus dem vorigen Abschnitt hat.

Beispiel 6-13: Navigationsschaltflächen (Nav_Pills.html)
```
<ul class="nav nav-pills">
   <li role="presentation" class="nav-item">
      <a href="#" class="nav-link active" data-toggle="pill">
         Start
      </a>
   </li>
   <li role="presentation" class="nav-item">
      <a class="nav-link" data-toggle="pill" href="#">
         Profil
      </a>
   </li>
```

```
    <li role="presentation" class="nav-item">
      <a class="nav-link" data-toggle="pill" href="#">
        Nachrichten
      </a>
    </li>
  </ul>
```

Beachten Sie hier die Positionierung der Klassen `.nav-item` und `.nav-link`.

Abbildung 6-13: Navigationsschaltflächen (pills)

Diese »Pillen« (pills) genannten Elemente können auch vertikal angeordnet werden. Dazu wird zusätzlich `.nav-stacked` eingesetzt:

```
<ul class="nav nav-pills nav-stacked">
  ...
</ul>
```

Für eine vollständige Funktion ist JavaScript erforderlich. Bootstrap bringt den Code mit. Die Aktivierung erfolgt über das Attribut `data-toggle="pill"`. Tabs, die mit eigenem Code aktiviert werden sollen, tragen dieses Attribut nicht.

Universelle Einstellungen

Universelle Einstellungen wirken auf alle Navigationselemente. Dies betrifft:

- Ausrichtung
- Deaktivierung
- Aufklappmenüs

Ausrichtung

Alle Elemente, die horizontal angeordnet werden können, wirken optisch wenig attraktiv, wenn die Inhalte einen sehr unterschiedlichen Platzbedarf haben. Es wirkt stimmiger, wenn die Elemente den Platz voll ausnutzen. Um die Entscheidung zu erleichtern, greift die gleich breite Darstellung erst ab 768 Pixel Bildschirmbreite. Die Elemente werden gleichmäßig über den gesamten Bildschirm verteilt, ähnlich wie beim Blocksatz. Der Effekt lässt sich mit `.nav-justified` erreichen. Auf kleineren Bildschirmen werden die Elemente wieder linksbündig angeordnet.

```
<ul class="nav nav-tabs nav-justified">
  ...
</ul>
<ul class="nav nav-pills nav-justified">
  ...
</ul>
```

Deaktivierung

Es kann vorkommen, dass der betreffende Inhaltsteil oder das Formular nicht erreichbar sein sollen. Das Element wird in diesem Fall deaktiviert. Es wird dann grau dargestellt und reagiert nicht auf die Maus oder Touchaktionen.

Beispiel 6-14: Deaktivierte Navigationsschaltflächen (Nav_Pills_Deaktiviert.html)

```
<ul class="nav nav-pills">
  ...
  <li role="presentation" class="nav-item">
    <a class="nav-link disabled" href="#">Deaktivierter Link</a>
  </li>
  ...
</ul>
```

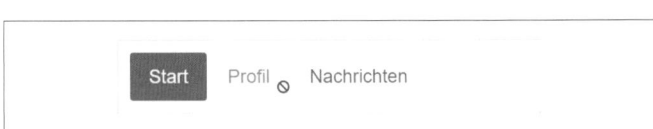

Erweiterung durch Aufklappmenüs

Tabs oder Kartenreiter lassen sich um Klappmenüs erweitern. Das sollten Sie sich freilich gut überlegen, weil es die Benutzung komplizierter macht. Außerdem befindet sich das Menü dann nicht an einer typischen Position, und es kann passieren, dass Benutzer nicht darauf aufmerksam werden.

Beispiel 6-15: Navigationsschaltflächen mit Menü (Nav_TabMenu.html)

```html
<ul class="nav nav-tabs">
  <li role="presentation" class="nav-item">
    <a class="nav-link active" href="#"
       data-toggle="tab">Dateien
    </a>
  </li>
  <li role="presentation" class="nav-item dropdown">
    <a class="nav-link dropdown-toggle"
       data-toggle="dropdown"
       href="#" role="button"
       aria-haspopup="true"
       aria-expanded="false">
      Quickmenü <span class="caret"></span>
    </a>
    <div class="dropdown-menu">
      <a class="dropdown-item" href="#">Laden</a>
      <a class="dropdown-item" href="#">Entladen</a>
    </div>
  </li>
  <li role="presentation" class="nav-item">
    <a class="nav-link" href="#" data-toggle="tab">Backup</a>
  </li>
</ul>
```

Abbildung 6-14: Navigationsschaltflächen mit Menü

Überdies ist das Klappmenü entweder mittels `data-toggle="dropdown"` aufzuklappen, oder es kann mit `data-toggle="tab"` ausgewählt werden. Es hat also entweder das Verhalten eines Tabulators oder das eines Menüs, nicht aber beides gleichzeitig.

Pillen können dies natürlich ebenso und verhalten sich identisch:

```
<ul class="nav nav-pills">
  ...
  <li role="presentation" class="nav-item dropdown">
    <a class="nav-linkdropdown-toggle"
       data-toggle="dropdown" href="#"
       role="button"
       aria-haspopup="true" aria-expanded="false">
      Klappmenü <span class="caret"></span>
    </a>
    <div class="dropdown-menu">
      ...
    </div>
  </li>
  ...
</ul>
```

Navigationsleiste (navbar)

Die Navigationsleiste (navbar) ist ein stark responsives Element. Normalerweise beginnt eine Seite, die komplexere Inhalte hat, mit einer Menüleiste oben. Wenn die Breite zu gering ist, laufen die Elemente rechts raus. Hier greift der Ansatz von Bootstrap, die Navigationsleiste komplett umzubauen. Dazu werden die Elemente nun vertikal angeordnet, und der Nutzer kann auch diese Ansicht in der Breite verringern, damit das Menü nicht die gesamte Seite überdeckt.

Dabei erfordert die Breite der Inhalte oft etwas Handarbeit. Ohne Eingriff werden Überschriften auf den Navigationselementen, die sich zu sehr in der Breite ausdehnen, in eine weitere Zeile umbrochen. Dadurch vergrößert sich das Menü und kann unten aus dem Bild herauslaufen. Wegen der Komplexität und des starken Eingriffs in das Design der Seite ist hier eine manuelle Nachbesserung sinnvoll – Bootstrap liefert lediglich einen Rahmen. Mögliche zusätzliche Maßnahmen sind:

- Verringern der Anzahl der Elemente – muss wirklich alles aus der ersten Seite heraus erreichbar sein?

- Je nach Bildschirmbreite werden Elemente dynamisch ausgeblendet – vielleicht sind einige Funktionen bei einem kleinen Bildschirm nicht sinnvoll?
- Passen Sie die Menüs gezielt an alle Bildschirme an, gegebenenfalls durch eigene Media-Bereiche.

Das Herunterbrechen des breiten Menüs auf ein schmales (collapse) erfordert JavaScript und – falls nicht alle Komponenten geladen werden – das *Collapse-Plug-in*. Der Wechsel zwischen schmal und breit liegt standardmäßig bei 768 Pixeln.

Für den barrierefreien Zugang sollten wieder die passenden Attribute eingesetzt werden, insbesondere role="navigation".

Beispiel 6-16: Navigationsschaltflächen mit Menü (Nav_Navbar.html)

```
<nav class="navbar navbar-dark bg-primary">
  <div class="container-fluid">
    <!-- Gruppierung für mobile Anzeige -->
    <div class="navbar-header">
      <button type="button" class="navbar-toggler hidden-sm-up"
              data-toggle="collapse"
              data-target="#n1"
              aria-expanded="false">
        <span class="sr-only">Logo</span>
        ≡
      </button>
      <a class="navbar-brand" href="#">Logo</a>
    </div>
    <div class="collapse navbar-toggleable-xs" id="n1">
      <ul class="nav navbar-nav">
        <li class="nav-item active">
          <a class="nav-link" href="#">
            File
            <span class="sr-only">Datei</span>
          </a>
        </li>
        <li class="nav-item dropdown">
          <a href="#" class="nav-link dropdown-toggle"
             data-toggle="dropdown"
             role="button"
             aria-haspopup="true" aria-expanded="false">
            Funktionen <span class=fa fa-caret-down></span>
```

```
        </a>
        <div class="dropdown-menu">
          <a class="dropdown-item" href="#">Kopieren</a>
          <a class="dropdown-item" href="#">Verschieben</a>
          <a class="dropdown-item" href="#">Anzeigen</a>
          <div role="separator" class="dropdown-divider"></div>
          <a class="dropdown-item" href="#">Löschen</a>
          <div role="separator" class="dropdown-divider"></div>
          <a class="dropdown-item" href="#">Umbenennen</a>
        </div>
      </li>
    </ul>
    <form class="form-inline navbar-form navbar-left"
          role="search">
      <div class="form-group">
        <input type="text" class="form-control"
               placeholder="Suchwort">
      </div>
      <button type="submit" class="btn btn-secondary">Suchen
      </button>
    </form>
  </div>
 </div>
</nav>
```

Die Navigationsleiste wird mit einem Logo oder Symbol eingeleitet. An dieser Stelle kann Text oder ein Bild erscheinen.

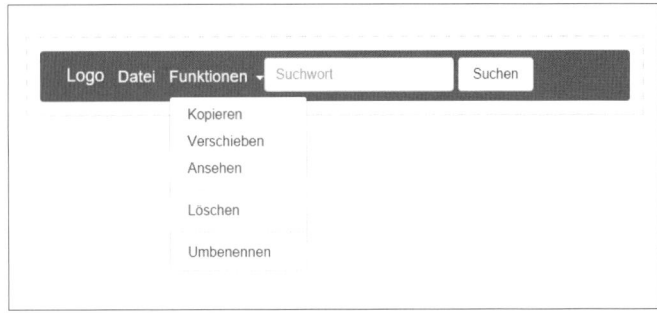

Abbildung 6-15: Navigationsleiste (volle Breite)

Abbildung 6-16: Navigationsleiste bei kleinem Bildschirm

Eine weitere Option sind bei der Navigationsleiste die folgenden gestalterischen Varianten:

- .navbar-dark
- .navbar-light

Diese Klassen bestimmen die Vordergrundfarbe. Damit das funktioniert, muss zusätzlich noch eine passende Hintergrundfarbe gewählt werden, beispielsweise .bg-primary.

Formularelemente

Navigationsleisten offerieren manchmal Aktionen, die kein eigenes Formular rechtfertigen. Vor allem Suchfunktionen sind häufig zu finden, aber auch Kontrollkästchen. Mit .navbar-form werden die passenden Abstände konfiguriert. Innerhalb des Navigationselements kann das Formularelement dann noch ausgerichtet werden.

```
<form class="navbar-form navbar-left" role="search">
  <div class="form-group">
    <input type="text"
           class="form-control"
           placeholder="Suchwort" />
  </div>
  <button type="submit" class="btn btn-secondary">
    Suchen
  </button>
</form>
```

Bei kleinen Bildschirmen können Formularelemente selten optimal platziert werden. Ziehen Sie hier separate Formulare in Erwägung und versuchen Sie, die Anordnung weiter zu vereinfachen.

Für den barrierefreien Zugang sollten Sie weiterhin Label einsetzen, auch wenn kein Platz in der Navigationsleiste ist. In solchen Fällen kommt wieder .sr-only zum Einsatz, am besten in Kombination mit aria-label und aria-labelledby bzw. dem title-Attribut.

Schaltflächen, Hyperlinks und Text

Reguläre Schaltflächen sind wegen der vielfältigen Gestaltungsmöglichkeiten sinnvoll, um exklusive Aktionen auszulösen. Dazu wird die Klasse .navbar-btn in <button>-Elementen benutzt, wobei <a> und <input> ebenso einsetzbar sind.

```
<button type="button" class="btn btn-secondary navbar-btn">
  Anmelden
</button>
```

Mit .navbar-link lassen sich Hyperlinks einbinden, die Sonderaufgaben erfüllen, beispielsweise auf einen Anmeldezustand reagieren und eine nur in diesem Fall nutzbare Seite aufrufen:

Beispiel 6-17: Anmeldelink (Nav_NavbarLink.html)

```
<p class="navbar-text navbar-right">
  Angemeldet als <a href="#" class="navbar-link">
  Jörg Krause</a>
</p>
```

Abbildung 6-17: Anmeldelink

Dieses Element erscheint primär als Text. Reiner Text, also Inhalte ohne Aktionen, nutzt die Klasse .navbar-text. Das Element <p> unterstützt die Übernahme der richtigen Farben:

```
<p class="navbar-text">Angemeldet als Jörg Krause</p>
```

Die Ausrichtung der Elemente kann mit .navbar-left oder .navbar-right vorgenommen werden. Da die Einträge im Navigationsmenü üblicherweise mit <li>-Tags realisiert werden, bezieht sich die Ausrichtung auf das umgebende <ul>-Tag.

Platzierung der Navigationsleiste

Eine fast schon esoterische Diskussion wird über die Frage geführt, ob die Leiste oben ständig sichtbar bleiben sollte oder nicht. Einerseits wird wertvoller Platz dauerhaft belegt, andererseits soll der Benutzer nicht zu langen Scrollaktionen gezwungen werden. Inzwischen lösen einige Designer dieses Dilemma durch zwei Navigationsleisten. Zuerst sieht der Besucher eine große und aufwendig gebaute, die am Seitenanfang steht. Scrollt er dann nach unten, wird diese Leiste durch eine sehr schmale, feine und einfache Leiste ersetzt. Dadurch ist der Platzverbrauch minimal, und die Navigation ist trotzdem gewährleistet. In jedem Fall muss die Leiste am oberen Rand fixiert werden:

```
<nav class="navbar navbar-secondary navbar-fixed-top">
  <div class="container">
    ...
  </div>
</nav>
```

Die Definition der Navigationsleiste steht im Quelltext der Seite nicht unbedingt am Anfang. Dennoch wird die Navigation am oberen Rand der Seite dargestellt. Durch die feste Positionierung (`position: fixed;`) wird sie aus dem normal Fluss der Elemente ausgenommen und verdeckt dadurch möglicherweise andere Elemente. Ergo: Es muss Platz gemacht werden. Das geschieht hier per `padding: 70px;`.

```
body { padding-top: 70px; }
```

Standardnavigationsleiste

Die Standardnavigationsleiste (wenn kein Theme benutzt wird) ist 50 Pixel (50px) hoch.

```
<nav class="navbar navbar-secondary navbar-fixed-bottom">
  <div class="container">
    ...
  </div>
</nav>
```

Eine statische Leiste steht auch am Anfang der Seite, scrollt aber nach oben aus dem Sichtbereich. Mit `.navbar-static-top` wird dieser Effekt erzielt. Eine Korrektur des Abstands des Inhalts ist hier nicht notwendig.

```html
<nav class="navbar navbar-secondary navbar-static-top">
  <div class="container">
    ...
  </div>
</nav>
```

Eine Umkehrung der Standardfarben wird mit `.navbar-inverse` erreicht. Sie können diesen Effekt mit allen anderen Optionen kombinieren.

```html
<nav class="navbar navbar-inverse">
  ...
</nav>
```

Pfadnavigation (breadcrumb)

Komplexe Navigationen sind für Besucher der Seite häufig verwirrend. Die Frage ist immer wieder: »Wo bin ich gerade?« Der Orientierung dient die Pfadnavigation, die den Pfad durch die Navigationshierarchie abbildet. Die Komponente heißt im Englischen »breadcrumb« (Brotkrumen, im übertragenen Sinn also Krümelspur).

Beispiel 6-18: Pfadnavigation (Nav_Breadcrumb.html)

```html
<ol class="breadcrumb">
  <li><a href="#">Home</a></li>
  <li><a href="#">Library</a></li>
  <li class="active">Data</li>
</ol>
```

Home / Library / Data

Abbildung 6-18: Pfadnavigation

Idealerweise zeigt der Pfad die Navigation nicht nur an, sondern ermöglicht sie auch. Deshalb werden vorzugsweise Hyperlinks benutzt. Das aktive Element (Klasse .active) ist deaktiviert – denn an dieser Stelle befindet sich der Benutzer bereits.

Seitenweises Blättern (pagination)

Auch das seitenweise Blättern gehört zur Gruppe der Navigationselemente. Meist tritt es im Zusammenhang mit Datentabellen auf. Aber auch mehrseitige Inhaltsseiten können durchblättert werden.

Seitenanzeige

Ein typischer Aufbau bei wenigen Seiten oder halbwegs konstanter Anzahl sieht so aus:

« 1 2 3 4 5 »

Folgender Code produziert das:

Beispiel 6-19: Seitenweises Blättern (Nav_Pagination.html)

```
<nav>
  <ul class="pagination">
    <li class="page-item">
      <a href="#" aria-label="Vorheriger">
        <span aria-hidden="true">&laquo;</span>
      </a>
    </li>
    <li class="page-item"><a href="#">1</a></li>
    <li class="page-item"><a href="#">2</a></li>
    <li class="page-item"><a href="#">3</a></li>
    <li class="page-item"><a href="#">4</a></li>
    <li class="page-item"><a href="#">5</a></li>
    <li class="page-item">
      <a href="#" aria-label="Nächster">
        <span aria-hidden="true">&raquo;</span>
      </a>
    </li>
  </ul>
</nav>
```

Abbildung 6-19: Seitenweises Blättern

Unbestimmte Seitenzahl

Ist die Seitenzahl unbestimmt, reicht manchmal auch ein einfaches Zurück und Weiter.

Zurück Weiter

```
<nav>
  <ul class="pagination">
    <li class="page-item"><a href="#">Zurück</a></li>
    <li class="page-item"><a href="#">Weiter</a></li>
  </ul>
</nav>
```

Das ist noch plakativer, wenn es mit Symbolen oder – wie hier – mit Entitäten ergänzt wird:

<- Älter Neuer ->

```
<nav>
  <ul class="pagination">
  <li class="page-item prev">
   <a href="#">
     <span aria-hidden="true">&larr;</span> Älter
   </a>
  </li>
  <li class="page-item next">
   <a href="#">Neuer <span aria-hidden="true">&rarr;</span></a>
  </li>
  </ul>
</nav>
```

Sind einzelne Seiten inaktiv, beispielsweise um die aktuell gewählte anzuzeigen, wird .disabled bzw. .active benutzt.

Folgender Code zeigt, wie es geht (die Ausgabe »Aktueller« ist nur für Screenreader):

```html
<nav>
  <ul class="pagination">
    <li class="page-item disabled">
      <a href="#" aria-label="Vorheriger">
        <span aria-hidden="true">&laquo;</span>
      </a>
    </li>
    <li class="page-item active">
      <a href="#">1
        <span class="sr-only">(Aktueller)</span>
      </a>
    </li>
    ...
  </ul>
</nav>
```

Das Abschalten nicht wählbarer Optionen kann auch für die Pfeile erfolgen:

Beispiel 6-20: Einfaches Blättern (Nav_PaginationON.html)

```html
<nav>
  <ul class="pagination">
    <li class="page-item disabled">
      <span>
        <span aria-hidden="true">&laquo;</span>
      </span>
    </li>
    <li class="page-item active">
      <span>1
        <span class="sr-only">(Aktueller)</span>
      </span>
    </li>
    ...
  </ul>
</nav>

<nav>
  <ul class="pagination">
    <li class="page-item prev disabled"><a href="#">
      <span aria-hidden="true">&larr;</span> Älter</a>
    </li>
    <li class="page-item next">
      <a href="#">Neuer
        <span aria-hidden="true">&rarr;</span>
```

```
        </a>
      </li>
    </ul>
  </nav>
```

Abbildung 6-20: Schaltflächen zum Blättern mit partieller Deaktivierung

Größe

Für die Darstellung gibt es neben der Standardgröße zwei weitere Abstufungen: eine größere (.pagination-lg) und eine kleinere (.pagination-sm):

```
<nav><ul class="pagination pagination-lg">...</ul></nav>
<nav><ul class="pagination">...</ul></nav>
<nav><ul class="pagination pagination-sm">...</ul></nav>
```

Kennzeichnungen (tags)

Kennzeichnungen dienen der Hervorhebung im Text. Sie erfüllen nie eine interaktive Funktion.

```
<h3>Beispiel <span class="label label-secondary">Neu</span></h3>
```

Das Erscheinungsbild kann über sechs Varianten angepasst werden (mit der üblichen semantischen Ausrichtung – die Farben sind kein Gestaltungselement):

- tag-primary: primäre Aussage, blau
- tag-secondary: Standard, grau
- tag-success: Erfolgsmeldung, grün
- tag-info: Information, violett
- tag-warning: Warnung, orange
- tag-danger: Gefahr oder Fehler, rot

Beispiel 6-21: Kennzeichnungen (Label.html)

```html
<span class="tag tag-primary">Primär</span>
<span class="tag tag-secondary">Standard</span>
<span class="tag tag-success">Erfolg</span>
<span class="tag tag-info">Information</span>
<span class="tag tag-warning">Warnung</span>
<span class="tag tag-danger">Gefahr</span>
```

Abbildung 6-21: Kennzeichnungen

Auch hier gibt es wieder mit tag-light und tag-dark eine gestalterische Variation.

Kennzeichnungsplaketten (tag-pills)

Kennzeichnungsplaketten sollten weniger inflationär eingesetzt werden als Kennzeichnungen. Sie sind exklusiver, plakativer und treten durch runde Ecken stärker aus dem Gesamtbild hervor. Bei der Platzierung auf Schaltflächen sind die Hintergründe transparent, weshalb die runden Ecken nicht mehr sichtbar sind. Diese Form der Darstellung in Bootstrap 4 ersetzt die alte Klasse badge aus Bootstrap 3.

Beispiel 6-22: Plaketten (LabelPillsAnchor.html)

```html
<a href="#">Inbox <span class="tag tag-pill bg-danger">42
</span></a>

<button class="btn btn-primary" type="button">
  <span class="tag tag-pill">4</span> Nachrichten
</button>
```

Abbildung 6-22: Plaketten

Der Einsatz ist meist im Zusammenhang mit sich häufig ändernden Daten zu finden. Der Blick des Benutzers soll gezielt eingefangen werden. Da sich aus der Präsentation von Daten oft mögliche Aktionen ergeben, ist es sinnvoll, die Plaketten in Navigationselemente einzubetten. Zeigen Sie beispielsweise die Anzahl der neuen Nachrichten an, und der Benutzer kann dann durch Klick auf das Element zur Nachrichtenseite gelangen.

Beispiel 6-23: Plaketten in der Navigation (LabelPills.html)

```
<ul class="nav nav-pills" role="tablist">
  <li role="presentation" class="active">
    <a href="#" data-toggle="pill"
             class="btn btn-sm btn-primary">
      Start
      <span class="tag tag-pill">42</span>
    </a>
  </li>
  <li role="presentation">
    <a href="#" data-toggle="pill"
             class="btn btn-sm btn-danger">Profile</a>
  </li>
  <li role="presentation">
    <a href="#" data-toggle="pill"
             class="btn btn-sm btn-info">
      <span class="tag tag-pill">3</span> Messages
    </a>
  </li>
</ul>
```

Abbildung 6-23: Plaketten in der Navigation

Plaketten können, da der Inhalt variabel ist, manchmal leer sein. In solchen Fällen werden sie unsichtbar.

Jumbotron (jumbotron)

Das Jumbotron ist eine große, plakative Fläche mit runden Ecken, meist nur auf der Startseite, auf der ein Slogan, Sprüche oder ein Produkt exklusiv präsentiert werden.

Beispiel 6-24: Einleitung einer Seite (Jumbotron.html)

```
<div class="jumbotron">
  <h1>Hallo Bootstrap!</h1>
  <p>...</p>
  <p>
    <a class="btn btn-primary btn-lg"
       href="#" role="button">
      Mehr dazu...
    </a>
  </p>
</div>
```

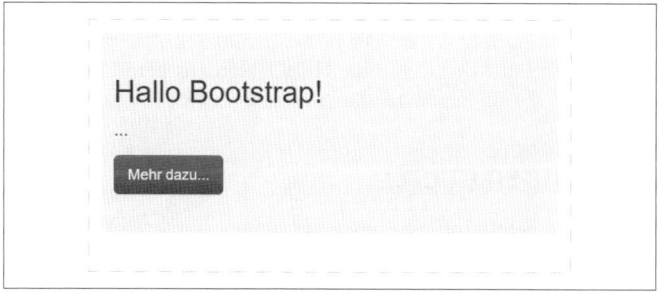

Abbildung 6-24: Einleitung einer Seite

Normalerweise ist das Element im Container, und damit hat es links und rechts einen Abstand. Soll das nicht so sein, kann der Container auch innen platziert werden. Die abgerundeten Ecken verschwinden dann ebenfalls:

```
<div class="jumbotron">
  <div class="container">
    ...
  </div>
</div>
```

Abbildung 6-25: Variante ohne abgerundete Ecken

Seitenüberschriften (page header)

Seitenüberschriften trennen Abschnitte. Sie bieten umfassendere Gestaltungsmöglichkeiten als das, was einfache HTML-Überschriften (h1, h2 ...) ermöglichen. Die bisher benutzte Klasse page-header ist entfallen und wird durch die Hilfsklassen aus dem Utilities-Paket ersetzt, die vergleichbare Gestaltungen abbilden können.

Meldungen (alert)

Meldungen liefern Informationen in einem bestimmten Kontext. Es gibt die üblichen Varianten:

- alert-primary: Standardmeldung, blau
- alert-secondary: Standardmeldung, hellgrau
- alert-success: Erfolgsmeldung, grün
- alert-info: Information, violett
- alert-warning: Warnung, orange
- >alert-danger: Fehler, rot

Neben den semantischen Varianten sind auch hier alert-light und alert-dark verfügbar. Die dunkle Variante beschränkt sich dabei auf ein dunkles Grau (dunkler als alert-secondary).

Beispiel 6-25: Meldungen ausgeben (Alerts.html)

```
<div class="alert alert-success" role="alert">...</div>
<div class="alert alert-info" role="alert">...</div>
<div class="alert alert-warning" role="alert">...</div>
<div class="alert alert-danger" role="alert">...</div>
```

Abbildung 6-26: Meldungen ausgeben

Da sich Meldungen oft ungefragt zeigen, sollten Sie sie schließbar machen. Dazu dient die Klasse .alert-dismissible und eine Schaltfläche oder ein Symbol zum Schließen. Zur Benutzung ist JavaScript erforderlich. Das Skript reagiert auf das Attribut data-dismiss="alert".

Beispiel 6-26: Meldungen schließbar machen (Alerts_Dismiss.html)

```
<div class="alert alert-warning alert-dismissible"
     role="alert">
  <button type="button" class="close"
          data-dismiss="alert" aria-label="Close">
    <span aria-hidden="true">&times;</span>
  </button>
  <strong>Achtung!</strong> Bitte überprüfen Sie die Angaben.
</div>
```

Abbildung 6-27: Meldungen können geschlossen werden

Meldungen (alert) | 145

Meldungen können so komplex sein, dass der Benutzer zu weiterführenden Informationen geleitet wird. Werden dazu Hyperlinks eingesetzt, geschieht dies mit der Klasse .alert-link.

Beispiel 6-27: Meldungen mit weiterführendem Link (Alerts_Link.html)

```
<div class="alert alert-success" role="alert">
  <a href="#" class="alert-link">...</a>
</div>
<div class="alert alert-info" role="alert">
  <a href="#" class="alert-link">...</a>
</div>
<div class="alert alert-warning" role="alert">
  <a href="#" class="alert-link">...</a>
</div>
<div class="alert alert-danger" role="alert">
  <a href="#" class="alert-link">...</a>
</div>
```

Abbildung 6-28: Meldungen mit weiterführendem Link

Fortschrittsbalken (progress)

Länger laufende Aktionen profitieren von Fortschrittsbalken. Die von Bootstrap benutzte Implementierung ist ein rein gestalterisches Element, das für eine sinnvolle Anzeige mit JavaScript ergänzt werden muss. Außerdem werden keine Browser unterstützt, die CSS3 nicht vollständig abbilden. In Bootstrap 4 kann das native HTML5-Element <progress> verwendet werden.

Beispiel 6-28: Passiver Fortschrittsbalken (Progress.html)

```
<progress class="progress"
          aria-valuenow="60"
          aria-valuemin="0"
          aria-valuemax="100"
          value="60"
          max="100">
</progress>
```

Beachten Sie, dass die eigentliche Breite der aktiven Zone mit einem width-Stil erzeugt wird. Dieser Wert muss manipuliert werden.

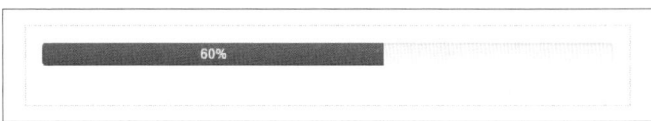

Abbildung 6-29: Passiver Fortschrittsbalken

>
>
> **Änderung zu Bootstrap 3**
>
> In Bootstrap 3 wurde die Beschriftung in ein <div>-Element platziert, da das <progress>-Element noch nicht unterstützt wurde. Diese Möglichkeit besteht noch, sie wird jedoch durch die standardkonforme Version gut ergänzt. Die Benutzung ist nun zwar standardkonform, aber auch weniger flexibel.

Der Fortschritt kann nicht nur eine Position, sondern auch einen Kontext anzeigen. Dazu dienen folgende semantisch belegte Klassen:

- progress-bar-success: Erfolg, grün
- progress-bar-info: Information, violett
- progress-bar-warning: Warnung, orange
- progress-bar-danger: Gefahr oder kritisch, rot

Beispiel 6-29: Semantische Fortschrittsbalken (Progress_Semantic.html)

```
<progress class="progress progress-success"
          role="progressbar"
          aria-valuenow="40"
```

```
            aria-valuemin="0"
            aria-valuemax="100"
            value="40" max="100">
   <span class="sr-only">40% Fertig (Erfolg)</span>
</progress>
<progress class="progress progress-info"
          role="progressbar"
          aria-valuenow="20"
          aria-valuemin="0"
          aria-valuemax="100"
          value="20" max="100">
   <span class="sr-only">20% Fertig</span>
</progress>
<progress class="progress progress-warning"
          role="progressbar"
          aria-valuenow="60"
          aria-valuemin="0"
          aria-valuemax="100"
          value="60" max="100">
   <span class="sr-only">60% Fertig (Warnung)</span>
</progress>
<progress class="progress progress-danger"
          role="progressbar"
          aria-valuenow="80"
          aria-valuemin="0"
          aria-valuemax="100"
          value="80" max="100">
   <span class="sr-only">80% Fertig (Gefahr)</span>
</progress>
```

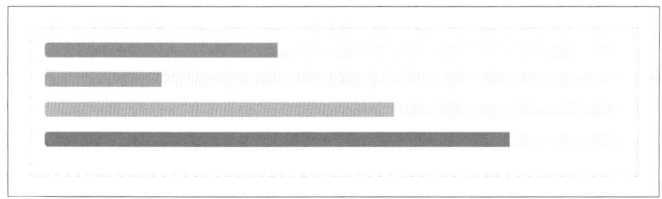

Abbildung 6-30: Semantische Fortschrittsbalken

Ein netter Effekt sind schräg laufende Streifen, die den Animationseffekt unterstreichen. Das lohnt sich bei sehr langsam laufenden Fortschrittsbalken und auch bei solchen, deren Wert eher unspezifisch ist.

Beispiel 6-30: Semantisch mit Streifen (Progress_Semantic_Striped.html)

```
<progress class="progress progress-success progress-striped"
          role="progressbar"
          aria-valuenow="40"
          aria-valuemin="0"
          aria-valuemax="100"
          value="40" max="100">
  <span class="sr-only">40% Fertig (Erfolg)</span>
</progress>
<progress class="progress progress-info progress-striped"
          role="progressbar"
          aria-valuenow="20"
          aria-valuemin="0"
          aria-valuemax="100"
          value="20" max="100">
  <span class="sr-only">20% Fertig </span>
</progress>
<progress class="progress progress-warning progress-striped"
          role="progressbar"
          aria-valuenow="60"
          aria-valuemin="0"
          aria-valuemax="100"
          value="60" max="100">
  <span class="sr-only">60% Fertig (Warnung)</span>
</progress>
<progress class="progress progress-danger progress-striped"
          role="progressbar"
          aria-valuenow="80"
          aria-valuemin="0"
          aria-valuemax="100"
          value="80" max="100">
  <span class="sr-only">80% Fertig (Gefahr)</span>
</progress>
```

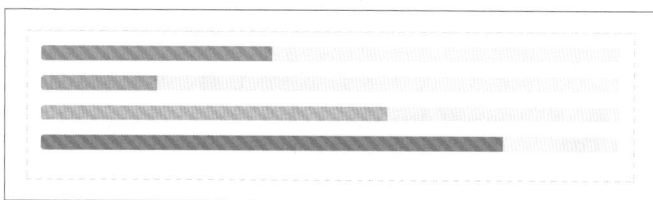

Abbildung 6-31: Semantische Fortschrittsbalken mit Streifen

Durch die Verwendung der Klasse `.active` wird zusätzlich die Fortschrittsanzeige (progress bar) selbst animiert.

```html
<progress class="progress progress-striped active"
          role="progressbar"
          aria-valuenow="80"
          aria-valuemin="0"
          aria-valuemax="100"
          value="80" max="100">
  <span class="sr-only">80% Fertig (Gefahr)</span>
</progress>
```

Abbildung 6-32: Interaktiver Fortschrittsbalken

Das Verhalten wird durch ein kleines Skript erzeugt:

```js
$(function() {
  var options = $('[name="inlineRadioOptions"]').length;
  $(':checkbox').on('click', function () {
  var active = $('[name="inlineRadioOptions"]:checked').length;
  var value = Math.round(active / options * 100);
  $('#progress-bar')
     .attr('value', value)
     .attr('aria-valuenow', value);
  });
});
```

Das Skript ermittelt die Anzahl der Optionen. Anschließend wird bei jedem Klick auf ein Kontrollkästchen die Anzahl der aktiven Elemente ermittelt. Aus dem dann berechneten Prozentwert werden die Anzeige und die Breite gesteuert.

> Mehrere Anzeigen in einem Balken visualisieren komplexere Gruppen von Werten. Diese etwas exotische Möglichkeit war mit Bootstrap 3 möglich, wird mit dem <progress>-Element in Bootstrap 4 jedoch nicht mehr angeboten. Entweder Sie nutzen hier weiter die Vorgehensweise aus Bootstrap 3 mit </div>-Elementen und der Klasse .progress-bar, oder Sie verzichten besser auf nicht standardkonforme Gestaltungen.

Medien (media)

Medien sind Videos, Audiodateien oder vergleichbare Zusatzinformationen.

```
<div class="media">
  <div class="media-left">
    <a href="#">
      <img class="media-object" src="..." alt="...">
    </a>
  </div>
  <div class="media-body">
    <h4 class="media-heading">Mediaüberschrift</h4>
    ...
  </div>
</div>
```

Die Klassen .media-left und .media-right richten das Element auf der Seite aus. Sie müssen immer in einem Container mit .media-body platziert werden.

Ausrichtung

Sowohl Bilder als auch Media-Elemente lassen sich generell ausrichten.

```
<div class="media">
  <div class="media-left media-middle">
    <a href="#">
      <img class="media-object" src="..." alt="...">
    </a>
  </div>
  <div class="media-body">
    <h4 class="media-heading">Media mittig ausgerichtet</h4>
    ...
  </div>
</div>
```

Medienlisten

Um Medien in Listen anzuordnen, ist nur wenig zusätzliches HTML erforderlich.

```
<ul class="media-list">
  <li class="media">
```

```html
    <div class="media-left">
      <a href="#">
        <img class="media-object" src="..." alt="...">
      </a>
    </div>
    <div class="media-body">
      <h4 class="media-heading">Mediaüberschrift</h4>
      ...
    </div>
  </li>
</ul>
```

Allgemeine Listen (list group)

Listen sind gruppierte Sammlungen von Elementen. Die Elemente sind ungeordnet, ohne Aufzählungszeichen und optisch verdichtet.

Beispiel 6-31: Listen zur Gruppierung (ListGroups.html)

```html
<ul class="list-group">
  <li class="list-group-item">Diese Optionen</li>
  <li class="list-group-item">hier sind</li>
  <li class="list-group-item">für alle Benutzer</li>
  <li class="list-group-item">dieser Applikation</li>
  <li class="list-group-item">allgemein verfügbar</li>
</ul>
```

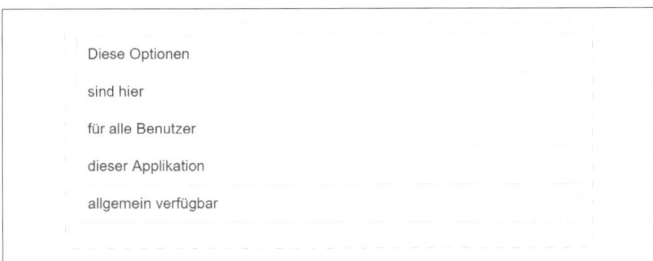

Abbildung 6-33: Listen zur Gruppierung

Plaketten in Listen

Plaketten lassen sich in Listen an jeder Stelle im Fließtext der Listenelemente platzieren.

Beispiel 6-32: Listen mit Plaketten (ListBadges.html)

```html
<ul class="list-group">
  <li class="list-group-item">
    <span class="tag tag-primary">14</span>
    Optionen
  </li>
  <li class="list-group-item">
    <span class="tag tag-danger">7</span>
    Applikation
  </li>
</ul>
```

Abbildung 6-34: Listen mit Plaketten

Links in Listen

Sie können auch Hyperlinks in Listen benutzen. Praktisch entstehen so sehr individuelle Menüs, und der Code sieht dem eines Menüs auch sehr ähnlich.

Beispiel 6-33: Listen mit Links (ListLinks.html)

```html
<div class="list-group">
  <a href="#" class="list-group-item active">
    Diese Optionen
  </a>
  <a href="#" class="list-group-item">sind hier</a>
  <a href="#" class="list-group-item">für alle Benutzer</a>
  <a href="#" class="list-group-item">dieser Applikation</a>
  <a href="#" class="list-group-item">allgemein verfügbar</a>
</div>
```

Die Darstellung ähnelt stark der Darstellung von Schaltflächen – nur die Funktion entspricht einem Hyperlink. Seien Sie vorsichtig bei solchen Darstellungen, da das Verhalten für den Benutzer nicht transparent ist.

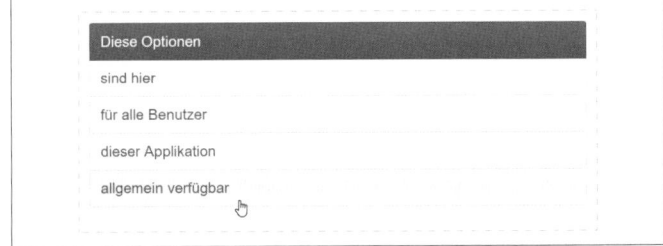

Schaltflächen in Listen

Sie können Schaltflächen in Listen benutzen. Im Gegensatz zu normalen Schaltflächen basieren diese *nicht* auf der Klasse .btn. Sie bilden einen Rahmen, sind jedoch nicht vollflächig gefärbt wie normale Schaltflächen.

Beispiel 6-34: Listen mit Schaltflächen (ListBtns.html)

```
<div class="list-group">
  <button type="button"
          class="list-group-item list-group-item-success">
    Option A
  </button>
  <button type="button"
          class="list-group-item list-group-item-danger">
    Option B
  </button>
  <button type="button"
          class="list-group-item list-group-item-info">
    Option C
  </button>
</div>
```

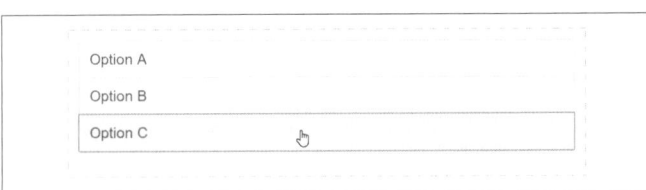

Abbildung 6-35: Listen mit Schaltflächen

Mit der Klasse `.disabled` zusammen mit `.list-group-item` erscheint der Inhalt deaktiviert.

```html
<div class="list-group">
  <a href="#" class="list-group-item disabled">
    Diese Optionen
  </a>
  <a href="#" class="list-group-item">sind hier</a>
  <a href="#" class="list-group-item">für alle Benutzer</a>
  <a href="#" class="list-group-item">dieser Applikation</a>
  <a href="#" class="list-group-item">allgemein verfügbar</a>
</div>
```

Den Listenelementen kann eine semantische Bedeutung gegeben werden:

- `list-group-item-success`: Erfolg, grün
- `list-group-item-info`: Information, violett
- `list-group-item-warning`: Warnung, orange
- `list-group-item-danger`: Gefahr, rot

Aktive Elemente lassen sich überdies mit `.active` hervorheben.

Beispiel 6-35: Semantische Listen mit und ohne Links (ListSemantics.html)

```html
<ul class="list-group">
  <li class="list-group-item list-group-item-success">
    Erfolg
  </li>
  <li class="list-group-item list-group-item-info">
    Info
  </li>
  <li class="list-group-item list-group-item-warning">
    Warnung
  </li>
  <li class="list-group-item list-group-item-danger">
    Gefahr
  </li>
</ul>
<div class="list-group">
  <a href="#"
     class="list-group-item list-group-item-success">
    Erfolg
  </a>
```

```
    <a href="#"
       class="list-group-item list-group-item-info">
      Info
    </a>
    <a href="#"
       class="list-group-item list-group-item-warning">
      Warnung
    </a>
    <a href="#"
       class="list-group-item list-group-item-danger">
      Gefahr
    </a>
  </div>
```

Abbildung 6-36: Semantische Listen mit und ohne Links

Die Listenelemente selbst sind sehr flexibel und können nahezu alle anderen Komponenten enthalten:

Beispiel 6-36: Listen mit Überschriften (ListHeader.html)
```
  <div class="list-group">
    <a href="#" class="list-group-item active">
      <h4 class="list-group-item-heading">Titel</h4>
```

```
      <p class="list-group-item-text">...</p>
   </a>
</div>
```

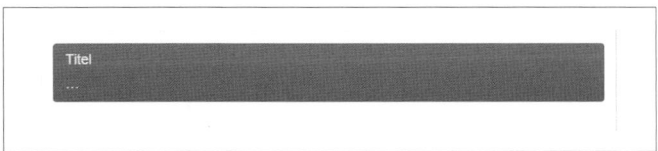

Abbildung 6-37: Listen mit Überschriften

Karten (cards)

Karten sind hervorgehobene Bereiche, die der Strukturierung der Seite dienen. Diese Bereiche können eine semantische Bedeutung haben. Sie sind sehr vielfältig und stehen für eine ganze Reihe von Aufgaben zur Verfügung.

Die Standardkarte wird mit .card eingeleitet. Ein allgemeiner innerer Abstand (Padding) wird mit .card-body erreicht. Der Text wird in .card-text erstellt.

Überschriften

Cards können komplexe Meldungen erzeugen und enthalten einen Überschriftenbereich. Dieser wird mit .card-header eingeleitet. In diesem Bereich kann die Größe zwischen <h1> und <h6> variiert werden.

Zuerst ein Beispiel mit der Standardformatierung der Überschrift:

Beispiel 6-37: Karte mit Überschrift (Karten_Header.html)
```
<div class="card card-body">
   <div class="card-header">Meldung</div>
   <p class="card-body">
      Meldungstext
   </p>
</div>
```

Abbildung 6-38: Karte mit Überschrift

Mit Überschriftenstilen sieht das dann folgendermaßen aus:

Beispiel 6-38: Karte mit Titel (Cards_Header2.html)
```
<div class="card card-body">
  <h2 class="card-header">Meldung</h2>
  <p class="card-body">
    Meldungstext
  </p>
</div>
```

Abbildung 6-39: Karte mit Titel und Überschriftenelement

Es ist weiter möglich, Unterüberschriften mit .card-subtitle zu platzieren.

Fußzeilen

Fußbereiche von Karten erscheinen in .card-footer. Der Fußbereich erbt keine semantischen Informationen, und es bleibt Ihnen überlassen, hier weitere Informationen mitzugeben. Fußbereiche dienen eher der Platzierung von Schaltflächen, die ihren eigenen semantischen Kontext mitbringen. Dadurch bedingte Aktionen sind dann separat zu programmieren, das Panel selbst bietet keine interaktiven Elemente.

Beispiel 6-39: Semantische Karte mit Fußzeile (Cards_Footer.html)
```
<div class="card bg-success">
  <p class="card-text">
    Inhalt der Box...
  </p>
  <div class="card-footer">Fußzeile</div>
</div>
```

Abbildung 6-40: Karte mit Fußzeile

Zur Benutzung von Hintergründen (`.bg-success`) finden Sie im Abschnitt *Semantische Farben* am Ende dieses Kapitels weitere Informationen.

Karten mit Tabellen

Wenn Karten der Präsentation von Daten dienen, bieten sich Tabellen zur Ausgabe an. Beachten Sie die beschränkten Möglichkeiten bei responsiven Layouts, die Tabellen mit sich bringen. Da Karten bereits einen Rahmen haben, sollten Tabellen ohne Rahmen gezeichnet werden. Die Platzierung kann im `.card-text` oder außerhalb erfolgen. Geschieht dies innerhalb, bekommt die Tabelle einen zusätzlichen Abstand – wobei Abstände generell eine gute Idee sind, wenn der Platz ausreicht.

Beispiel 6-40: Karte mit Tabelle (Cards_Table.html)
```
<div class="card card-body">
  <div class="card-header">Titel</div>
  <div class="card-text">
    <p>...</p>
  </div>
```

```
   <!-- Tabelle -->
   <table class="table table-sm">
      ...
   </table>
</div>
```

Abbildung 6-41: Karte mit Tabelle

Ohne `.card-text` gibt es einen nahtlosen Übergang zwischen Inhalt und Tabelle.

Karten mit Listen

Listen lassen sich ebenso einfach in Karten platzieren.

Beispiel 6-41: Karte mit Liste (Cards_List.html)
```
<div class="card">
   <div class="card-header">Wissen</div>
   <div class="card-body">
      <ul class="list-group list-group-flush">
         <li class="list-group-item">Bootstrap</li>
         <li class="list-group-item">jQuery</li>
         <li class="list-group-item">AngularJS</li>
         <li class="list-group-item">ReactJS</li>
      </ul>
   </div>
</div>
```

Abbildung 6-42: Karte mit Liste

Karten mit Bildern

Bilder lassen sich ebenso einfach in Karten als Hintergrund (overlay) platzieren. Die Überlagerung des Texts wird mit `.card-img-overlay` erreicht.

Beispiel 6-42: Karte mit Hintergrundbild (Cards_Image.html)

```
<div class="card text-center"
    style="width: 300px">
  <img class="card-img-top"
       src="../Res/Background.jpg" alt="Lampe">
  <div class="card-img-overlay text-right text-light">
    <h4 class="card-title">Verstanden?</h4>
    <p class="card-text">Das ist Bootstrap 4</p>
  </div>
  <div class="card-body">
    Weiter geht es mit neuen Stilen...
  </div>
</div>
```

Das Bild sollte die Breite berücksichtigen, oder die Card wird in der Breite beschränkt, wie im Beispiel in Zeile 2 auf 300 Pixel. Beachten Sie dabei, dass derartige feste Werte möglicherweise nicht responsiv sind. Die Klasse `.card-img-overlay` sorgt dafür, dass das Bild als Hintergrund verwendet wird. Im Beispiel wird `text-light` benutzt, um eine helle Schrift auf dem verhältnismäßig dunklen Beispielbild zu erzeugen.

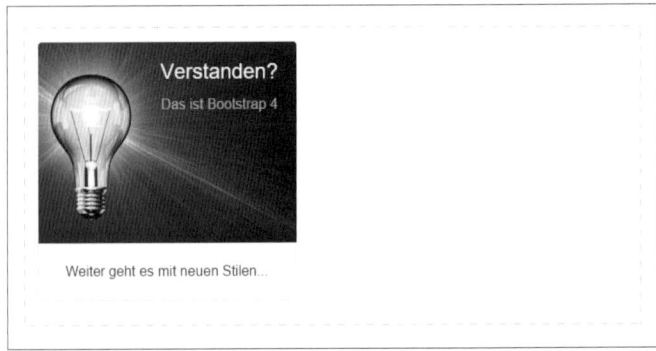

Abbildung 6-43: Karte mit Hintergrundbild

Für die Platzierung im Raster besteht die Option, die Breite und den Abstand mit den Spaltenklassen zu kombinieren.

Weitere Funktionen zum Platzieren von Bildern sind:

- .card-img-top: Ausrichten des Bilds nach oben
- .card-img-bottom: Ausrichten des Bilds nach unten

Diese Klassen werden direkt auf das <img />-Tag anwendet.

Karten im Raster

Im letzten Beispiel wurde bereits gezeigt, wie sich die Breite durch einen Stil direkt einstellen lässt. Bootstrap hat hierfür keine expliziten Klassen. Besser ist die Platzierung im Raster, wie das folgende Beispiel zeigt.

Beispiel 6-43: Karten im Raster (Cards_Grid.html)

```
<div class="container-fluid sample">
  <div class="row">
    <div class="col-sm-6">
      <div class="card card-success">
        <div class="card-body bg-dark">
```

```
            <h4 class="card-title">Meldung</h4>
            <p class="card-text">
             Dieser Vorgang war erfolgreich.
            </p>
            <a href="#" class="card-link">
               Mehr...
            </a>
            <a href="#" class="card-link">
               Zurück...
            </a>
          </div>
        </div>
        <div class="col-sm-6">
          <div class="card bg-warning">
            <div class="card-body">
              <h4 class="card-title">Meldung</h4>
              <p class="card-text">
               Hier hat was nicht geklappt.
              </p>
              <a href="#" class="btn btn-danger">
               Ausnahmen...
              </a>
            </div>
          </div>
        </div>
      </div>
    </div>
```

Abbildung 6-44: Karten im Raster

Kartenstapel (card decks)

Karten lassen sich horizontal so anordnen, dass alle Elemente die gleiche Höhe haben.

Beispiel 6-44: Karten ausrichten (Cards_Deck.html)

```html
<div class="card-deck-wrapper">
  <div class="card-deck">
    <!-- Card 1 -->
    <div class="card">
      <div class="card-header">Hilfe 1</div>
      <div class="card-body">
        <p class="card-text">Hilfetext.</p>
      </div>
    </div>
    <!-- Card 2 -->
    <div class="card">
      <div class="card-header">Hilfe 2</div>
      <div class="card-body">
        <p class="card-text">
          Hilfetext und
          <a href="#" class="card-link">mehr Hilfe</a>.
        </p>
        <p class="card-text">Viel mehr
            Text als in der ersten Box.</p>
      </div>
    </div>
  </div>
</div>
```

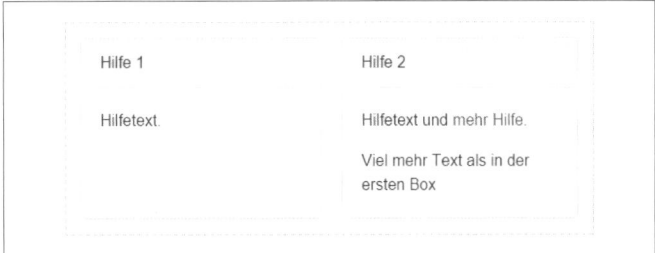

Abbildung 6-45: Karten ausrichten

Die horizontale Ausrichtung kann mit dem Spaltenlayout verbunden werden, sodass auch die Breite kontrolliert werden kann.

Kartengruppen (card groups)

Karten lassen sich horizontal so anordnen, dass alle Elemente die gleiche Höhe haben. Die Gruppen sind – im Gegensatz zum Stapel – direkt miteinander verbunden. Dazu wird die Kartengruppe in eine Klasse .card-group verpackt.

Beispiel 6-45: Verbundene Karten (Cards_Group.html)

```
<div class="card-group">
  <!-- Karte 1 -->
  <div class="card card-success">
    <div class="card-header">Info</div>
    <div class="card-body">
      <p class="card-text">Infotext hier</p>
    </div>
  </div>
  <!-- Karte 2 -->
  <div class="card card-info">
    <div class="card-header">Meldung</div>
    <div class="card-body">
      <p class="card-text">Hier steht mehr...</p>
    </div>
  </div>
</div>
```

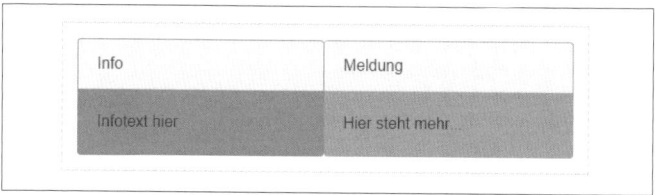

Abbildung 6-46: Verbundene Karten

Die horizontale Ausrichtung kann mit dem Spaltenlayout verbunden werden, sodass auch die Breite kontrolliert werden kann.

Karten in Spalten (card columns)

Karten lassen sich horizontal in Spalten verteilen. So sind komplexere Layouts mit dedizierter Gestaltung der Blöcke möglich. Dazu wird die Kartengruppe in eine Klasse `.card-columns` verpackt.

Beispiel 6-46: Verbundene Karten (Cards_Columns.html)

```
<div class="container sample">
  <div class="row">
    <div class="card-columns">
      <!-- Karte 1 -->
      <div class="card">
        <div class="card-header">Karte 1</div>
        <div class="card-body">
          <p class="card-text">Hier steht der Inhalt.</p>
        </div>
      </div>
      <!-- Karte 2 -->
      <div class="card">
        <div class="card-body">
          <h4 class="card-title">Karte 2</h4>
          <p class="card-text">Hier steht der Inhalt.</p>
        </div>
      </div>
      <!-- Karte 3 -->
      <div class="card bg-info">
        <div class="card-header">Karte 3</div>
        <div class="card-body">
          <p class="card-text">
            Hier steht der Inhalt.
            Ein <a href="#" class="card-link">Link</a>.
          </p>
        </div>
        <div class="card-footer">Footer</div>
      </div>
      <!-- Karte 4 -->
      <div class="card bg-warning">
        <div class="card-header">Karte 4</div>
        <div class="card-body">
          <p class="card-text">Hier steht der Inhalt.</p>
        </div>
```

```html
      <div class="card-footer">Footer</div>
    </div>
    <!-- Karte 5 -->
    <div class="card">
      <div class="card-body">
        <h4 class="card-title">Karte 5</h4>
        <p class="card-text">Hier steht der Inhalt.</p>
      </div>
    </div>
    <!-- Karte 6 -->
    <div class="card bg-success">
      <div class="card-header">Karte 6</div>
      <div class="card-body">
        <p class="card-text">
          Hier steht der Inhalt.
          Ein <a href="#" class="card-link">Link</a>.
        </p>
      </div>
    </div>
    <!-- Karte 7 -->
    <div class="card">
      <div class="card-header">Karte 7</div>
      <div class="card-body">
        <p class="card-text">
          Hier steht der Inhalt.
          Ein <a href="#" class="card-link">Link</a>.
        </p>
      </div>
      <div class="card-footer">Ende</div>
    </div>
    <!-- Karte 8 -->
    <div class="card">
      <div class="card-body">
        <h4 class="card-title">Karte 8</h4>
        <p class="card-text">Hier steht der Inhalt.</p>
      </div>
    </div>
   </div>
  </div>
</div>
```

Abbildung 6-47: Karten in Spalten

Semantische Farben

Semantische Farben für Karten werden durch Standardhintergründe erreicht. Dazu wird mit folgenden zusätzlichen Klassen gearbeitet:

- bg-primary: primäre Aussage, blau, Daten oder Ergebnis
- bg-secondary: Standard, grau, keine Bedeutung
- bg-success: Erfolg, grün, Statusmeldung
- bg-info: Information, hellblau, weitere Informationen, Ergänzungen
- bg-warning: Warnung, orange, Statusmeldung
- bg-danger: Fehler, rot, Statusmeldung

Das Standardpanel sieht folgendermaßen aus:

Beispiel 6-47: Karte (Cards_Danger.html)

```
<div class="card bg-danger">
  <div class="card-text">
    Beispielanzeige
  </div>
</div>
```

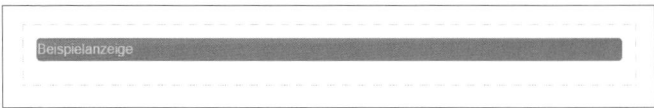

Abbildung 6-48: Karte mit Klasse *.bg-danger*

Die semantischen Varianten haben die gleiche Form und ändern die Farbe des Hintergrunds wie bei Schaltflächen:

```
<div class="card bg-primary">...</div>
<div class="card bg-secondary">...</div>
<div class="card bg-success">...</div>
<div class="card bg-info">...</div>
<div class="card bg-warning">...</div>
<div class="card bg-danger">...</div>
```

Wenn die Schriftfarbe einen unzureichenden Kontrast hat, können Sie mit der Klasse .text-light eine bessere Darstellung erzielen. Das ist zumindest bei danger sinnvoll, wo die Schriftfarbe auf dem dunklen Rot von Schwarz auf Weiß wechselt.

Mit bg-light und bg-dark stehen Kontrastfarben außerhalb der semantischen Reihe zur Verfügung.

KAPITEL 7
Aktive Komponenten

Aktive Komponenten in Bootstrap verfügen nicht nur über passive JavaScript-Unterstützung, sondern lassen sich auch direkt programmieren. Technisch sind es jQuery-Plug-ins. Falls nicht die gesamte Bootstrap-Bibliothek eingebunden wird, müssen eventuell Abhängigkeiten beachtet werden.

Einrichtung und Aktivierung

Die Dateien *bootstrap.js* und *bootstrap.min.js* (minimiert) enthalten bereits alle Komponenten. Werden sie eingebunden, sind keine weiteren Maßnahmen notwendig. Zur Benutzung gibt es zwei Optionen: Entweder Sie verwenden die HTML5-Attribute data- oder die JavaScript-API. Im Sinne moderner HTML5-Programmierung sind die Attribute der bevorzugte Weg, denn dadurch wird weniger Skriptcode benötigt, und damit besteht weniger Risiko, Fehler bei der Programmierung zu machen.

Die API für die HTML5-Attribute kann in seltenen Fällen unpassend oder störend sein. Dann ist es möglich, sie global abzuschalten:

```
$(document).off('.data-api')
```

Falls nur ein einzelnes Plug-in davon betroffen ist, kann das auch nur für dieses erfolgen:

```
$(document).off('.alert.data-api')
```

In komplexeren Szenarien besteht oft die Versuchung, mehrere Plug-ins auf einer Komponente anzuwenden. Das funktioniert nicht.

Stellen Sie sich eine Schaltfläche vor, die einen modalen Dialog aktiviert und zugleich einen Tooltipp anzeigt. Das ist zwar vom Design her sinnvoll, die gleichzeitige Verwendung zweier Aktionen ist aber nicht möglich. Erreicht werden kann es einfach durch ein weiteres umschließendes Element. Das äußere Element – ohne Rahmen und Abstände – steuert den Tooltipp und das innere den modalen Dialog.

jQuery UI?

Auch wenn jQuery die Grundlage der Bootstrap-Komponenten ist, steht jQuery UI in Konkurrenz zu Bootstrap und sollte auf keinen Fall gleichzeitig eingesetzt werden.

Die Programmierschnittstelle

Werden Webseiten komplett in JavaScript erstellt, was durchaus üblich ist, fehlt die Möglichkeit, über die Attribute zu gehen. Dafür kann direkt auf die API der Komponenten zugegriffen werden:

```
$('.btn.danger').button('toggle').addClass('fat');
```

Alle Komponenten verarbeiten ein Optionsobjekt, das im JSON-Format bereitgestellt werden muss. Die konkreten Werte sind abhängig von der Komponente.

```
$('#myModal').modal()                        // Nur Standard
$('#myModal').modal({ keyboard: false })     // Mit Option
$('#myModal').modal('show')                  // Aktion auslösen
```

Jede Komponente verfügt über einen Konstruktor: `$.fn.popover.Constructor`. Der Konstruktor liefert eine Eigenschaft DEFAULTS, die Zugriff auf die Standardwerte erlaubt.

```
$.fn.modal.Constructor.DEFAULTS.keyboard = false;
```

$.fn ist in jQuery der Zugriff auf registrierte Plug-ins. Dieser Teil ist nicht spezifisch für Bootstrap.

Eine spezifische Instanz kann folgendermaßen beschafft werden:

`$('[rel="popover"]').data('popover')`

Dieser Code zeigt die Vorgehensweise am Beispiel eines popover.

Konfliktvermeidung

Werden neben jQuery noch andere Bibliotheken oder jQuery-Plug-ins eingesetzt, kann es zu Namenskonflikten kommen. Da JavaScript nicht über Namensräume verfügt, muss hier eventuell manuell nachgeholfen werden. Dazu dient die Methode noConflict.

```
var bootstrapButton = $.fn.button.noConflict()
$.fn.bootstrapBtn = bootstrapButton
```

In Zeile 1 wird eine Instanz des Plug-ins abgerufen. Dieses wird dann in Zeile 2 einem neuen Namen zugewiesen, der nicht mit anderen Elementen kollidiert.

In dem Zusammenhang sind auch Versionen wichtig. Diese können mit VERSION abgerufen werden:

```
$.fn.tooltip.Constructor.VERSION // => "4.0.0"
```

Ereignisse

Bootstrap-Komponenten generieren einige private Ereignisse. Meist liegen diese in zwei Versionen vor – beim Auftreten des Ereignisses und beim Ende der Verarbeitung. Entsprechend werden die Verben gestaltet – Basis und Vergangenheitsform (`'show'` und `'shown'`). Alle Ereignisse sind in eigenen Namensräumen .bs..

Da einige Ereignisse intern verarbeitet werden, können Sie dies mittels preventDefault unterdrücken. Das ist der typische Weg für jQuery.

```
$('#myModal').on('show.bs.modal', function (e) {
  if (!data) return e.preventDefault()
})
```

Hier wird in Zeile 2 verhindert, dass die Standardausführung erfolgt. Der modale Dialog, der bei `'show'` eigentlich erscheint, wird unterdrückt.

Übergänge (transition)

Übergänge – Transitions – werden weitgehend von CSS3 abgedeckt. Um ältere Browser zu unterstützen, gibt es die Hilfsbibliothek *transitions.js*, die die Effekte in JavaScript abbildet. Diese Bibliothek ist Bestandteil von *bootstrap.js* und muss nicht gesondert installiert werden. Das ist nur erforderlich, wenn Teile dieser Funktion benutzt werden.

Übergangseffekte können als störend empfunden werden. Deshalb lassen sie sich global abschalten:

    $.support.transition = false

Animationen – egal ob als direkter Effekt oder als Übergang - sind nur beim ersten Mal witzig. Lassen Sie sie weg, Benutzer profitieren nur sehr selten davon.

Anwendungen des Moduls sind beispielsweise:

- Dialoge werden sanft ein- und ausgeblendet.
- Zwischen Tabs wird sanft gewechselt.
- Meldungen werden sanft eingeblendet.
- Das Bilderkarussell wechselt mit einer Animation.

Ausgelöst wird der Effekt durch die Klasse .fade.

Modale Dialoge (modals)

Modale Dialoge stammen aus *modals.js*. Diese Bibliothek ist Bestandteil von *bootstrap.js* und muss nicht gesondert installiert werden.

Eigenschaften

Modale Dialoge erhalten exklusiv den Fokus und erfordern vom Benutzer eine unbedingte Reaktion. Sie sollten niemals modale Dialoge ohne Interaktionsmöglichkeit benutzen. Eine Schaltfläche oder ein Symbol zum Schließen ist immer Pflicht.

Modale Dialoge schließen sich gegenseitig aus, es kann also immer nur ein Dialog zur selben Zeit offen sein.

Im Code der Seite sollten Sie modale Dialoge am Anfang platzieren. Dies verhindert Konflikte mit anderen Einstellungen. Wann und wo sie aufgerufen werden, ist davon völlig unabhängig.

Auf mobilen Geräten kann es passieren, dass das erste Element des Dialogs nicht den Fokus erhält, auch wenn das Attribut autofocus benutzt wird. Ein wenig JavaScript kann bei Bedarf benutzt werden, um nachzuhelfen:

```
$('#myModal').on('shown.bs.modal', function () {
  $('#myInput').focus()
})
```

Ein Standarddialog besteht aus drei Teilen:

- Kopfbereich
- Inhalt
- Fußbereich

Der Titel kommt in den Kopfbereich, der Inhalt füllt dann den Dialog, und Aktionsschaltflächen werden im Fußbereich platziert:

Beispiel 7-1: Modaler Dialog (Modal.html)

```
<div class="modal fade">
  <div class="modal-dialog">
    <div class="modal-content">
      <div class="modal-header">
        <button type="button" class="close"
                data-dismiss="modal"
                aria-label="Close">
          <span aria-hidden="true">&times;</span>
        </button>
        <h4 class="modal-title">Titel</h4>
      </div>
      <div class="modal-body">
        <p>Der Inhalt &hellip;</p>
      </div>
```

```html
      <div class="modal-footer">
        <button type="button" class="btn btn-secondary"
                data-dismiss="modal">Schließen</button>
        <button type="button" class="btn btn-primary">
          Speichern
        </button>
      </div>
    </div>
  </div>
</div>
```

Um den Dialog anzuzeigen, ist eine Aktion auf der Seite erforderlich. Dies kann folgendermaßen aussehen:

Beispiel 7-2: Auslöser für den Dialog (Modal.html)

```html
<button type="button" class="btn btn-primary btn-lg"
        data-toggle="modal"
        data-target="#myModal">
   Dialog anzeigen
</button>
```

Abbildung 7-1: Modaler Dialog

Wie schon bei vorangegangenen Beispielen ist ein barrierefreier Zugang sinnvoll. Nutzen Sie zuerst die Attribute role="dialog" und aria-labelledby="...", wobei Letzteres den Titel enthalten sollte. Der Dialog selbst, also der Inhalt, wird mit role="document" dekoriert. Sollte eine Beschreibung notwendig sein, die möglicherweise im normalen Betrieb nicht sinnvoll erscheint, weil der Dialog im Kontext steht oder Bilder und Symbole enthält, nutzen Sie darüber hinaus aria-describedby auf dem Element mit der Klasse .modal.

Größen

Modale Dialoge haben drei Größen, die durch zwei Klassen eingestellt werden:

- `.bs-example-modal-lg`: größer als normal
- `.bs-example-modal-sm`: kleiner als normal

```html
<button type="button" class="btn btn-primary"
        data-toggle="modal"
        data-target=".bs-example-modal-lg">
   Großer Dialog
</button>

<div class="modal fade bs-example-modal-lg"
     tabindex="-1"
     role="dialog"
     aria-labelledby="myLargeModalLabel">
  <div class="modal-dialog modal-lg">
    <div class="modal-content">
      ...
    </div>
  </div>
</div>
<button type="button" class="btn btn-primary"
        data-toggle="modal"
        data-target=".bs-example-modal-sm">Klein</button>

<div class="modal fade bs-example-modal-sm"
     tabindex="-1"
     role="dialog"
     aria-labelledby="mySmallModalLabel">
  <div class="modal-dialog modal-sm">
    <div class="modal-content">
      ...
    </div>
  </div>
</div>
```

Animationen werden mit `.fade` erzeugt. Dies kann lästig sein und ist auf mobilen Geräten eher nicht angebracht.

Probleme mit Animationen

Der Effekt benötigt erhebliche Rechenleistung und verringert die Akkulebensdauer bei mobilen Geräten.

Modaler Dialog im Raster

Dialoge können umfangreich sein. Deshalb kann innerhalb des Modals ein eigenes Raster verwendet werden. Dazu wird im Inhaltsbereich (.modal-body) des Dialogs ein neuer Container mit .container-fluid erstellt. In diesem Container sind die normalen Rasterklassen anwendbar. Die äußere Breite richtet sich nach der Dialogbreite, die Werte sind prozentual dazu.

Beispiel 7-3: Komplexer Dialog mit Raster (Modal_Complex.html)

```
<div class="modal fade" role="dialog" id="myModal"
    aria-labelledby="gridSystemModalLabel">
  <div class="modal-dialog" role="document">
    <div class="modal-content">
      <div class="modal-header">
        <button type="button" class="close"
                data-dismiss="modal"
                aria-label="Close">
          <span aria-hidden="true">&times;</span>
        </button>
        <h4 class="modal-title"
            id="gridSystemModalLabel">Titel</h4>
      </div>
      <div class="modal-body">
        <div class="container-fluid">
          <div class="row">
            <div class="col-md-4">4</div>
            <div class="col-md-4 offset-md-4">4 4</div>
          </div>
          <div class="row">
            <div class="col-md-3 offset-md-3">3 3</div>
            <div class="col-md-2 offset-md-4">2 4</div>
          </div>
```

```html
        <div class="row">
          <div class="col-md-6 offset-md-3">6 3</div>
        </div>
        <div class="row">
          <div class="col-sm-9">
            Level 1: .col-sm-9
            <div class="row">
              <div class="col-sm-8 col-sm-6">
                Level 2: .col-sm-8 .col-sm-6
              </div>
              <div class="col-sm-4 col-sm-6">
                Level 2: .col-sm-4 .col-sm-6
              </div>
            </div>
          </div>
        </div>
      </div>
    </div>
    <div class="modal-footer">
      <button type="button"
              class="btn btn-secondary"
              data-dismiss="modal">
        Schließen
      </button>
      <button type="button"
              class="btn btn-primary">
        Speichern
      </button>
    </div>
  </div>
</div>
</div>
<div class="container sample">
  <button type="button"
          class="btn btn-primary btn-lg"
          data-toggle="modal"
          data-target="#myModal">
    Zeige Dialog
  </button>
</div>
```

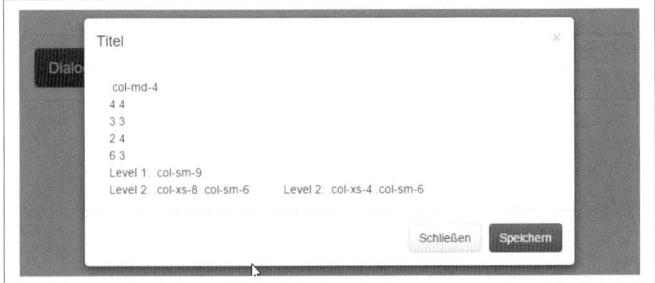

Abbildung 7-2: Raster im Dialog

Die Schaltfläche oder Aktion, mit der der Dialog ausgelöst wird, kann weitere Werte übermitteln, um den Dialog zu modifizieren. Dies erfolgt durch data--Attribute, wie nachfolgend gezeigt:

Beispiel 7-4: Gesteuerter Dialog (Modal_Data.html)

```
<button type="button" class="btn btn-primary"
        data-toggle="modal"
        data-target="#exampleModal"
        data-whatever="anna@muster.de">
   Öffne Anna
</button>
<button type="button" class="btn btn-primary"
        data-toggle="modal"
        data-target="#exampleModal"
        data-whatever="berta@muster.de">
   Öffne Berta
</button>
<button type="button" class="btn btn-primary"
        data-toggle="modal"
        data-target="#exampleModal"
        data-whatever="chri@muster.de">
   Öffne Chris
</button>


<div class="modal fade" id="exampleModal" tabindex="-1"
     role="dialog" aria-labelledby="exampleModalLabel">
  <div class="modal-dialog" role="document">
    <div class="modal-content">
      <div class="modal-header">
```

```html
          <button type="button" class="close"
                  data-dismiss="modal"
                  aria-label="Close">
            <span aria-hidden="true">&times;</span>
          </button>
          <h4 class="modal-title" id="exampleModalLabel">
            Neue Nachricht
          </h4>
        </div>
        <div class="modal-body">
          <form>
            <div class="form-group">
              <label for="recipient" class="control-label">
                Empfänger:
              </label>
              <input type="text" class="form-control"
                     id="recipient">
            </div>
            <div class="form-group">
              <label for="message-text" class="control-label">
                Nachricht:
              </label>
              <textarea class="form-control" id="message-text">
              </textarea>
            </div>
          </form>
        </div>
        <div class="modal-footer">
          <button type="button" class="btn btn-secondary"
                  data-dismiss="modal">
            Schließen
          </button>
          <button type="button" class="btn btn-primary">
            Senden
          </button>
        </div>
      </div>
    </div>
  </div>
```

Die Auswertung übernimmt dann JavaScript wie folgt:

```javascript
$(function() {
  $('#exampleModal').on('show.bs.modal', function(event) {
    var button = $(event.relatedTarget);
    var recipient = button.data('whatever');
```

```
    var modal = $(this);
    modal.find('.modal-title')
        .text('Nachricht an ' + recipient);
    modal.find('#recipient').val(recipient);
  });
});
```

In Zeile 2 wird die Schaltfläche ermittelt. In Zeile 3 wird dann auf das private Attribut data-whatever zugegriffen, um die Daten in den Dialog zu kopieren. Das geht am einfachsten über das DOM des Dialogs.

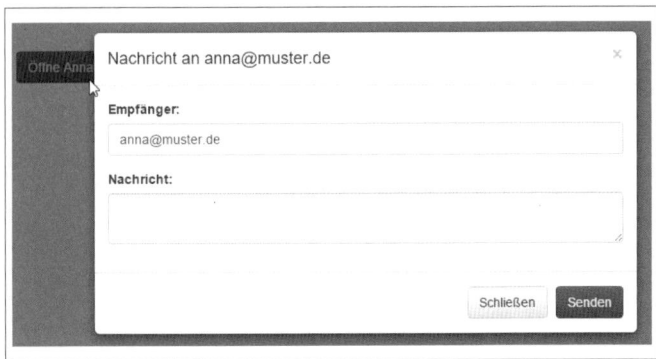

Abbildung 7-3: Gesteuerter Dialog

Allgemeines zum Verhalten

Modale Dialoge blenden die Seite leicht aus, um den Blick des Benutzers zu fangen. Dazu wird dem <body>-Element der Seite die Klasse .modal-open hinzugefügt. Sie können dieser Klasse weitere Stile mitgeben, um den Effekt anzupassen. Mittels .modal-backdrop wird eine weitere Klasse benutzt, die dafür sorgt, dass der Dialog geschlossen wird, wenn der Benutzer außerhalb irgendwo hinklickt (Verzweiflungsklick).

Das Auslöseverhalten beruht auf Attributen:

- data-toggle="modal": Auslöser, beispielsweise auf einer Schaltfläche

- data-target="#foo": Ziel zum Dialog #foo
- href="#foo": Alternative Angabe des Ziels zum Dialog #foo
- id="foo": Dekoration des Dialogs selbst (Ziel-ID)

```
<button type="button"
        data-toggle="modal"
        data-target="#myModal">
  Modal anzeigen
</button>
```

In JavaScript werden die Selektoren aus jQuery benutzt:

```
$('#myModal').modal(options)
```

Optionen

Optionen können als data--Attribute in HTML oder als JSON im Code gesetzt werden. Das Suffix der data--Attribute entspricht dem Namen der Eigenschaft in JSON.

Tabelle 7-1: Optionen für Modal

Name	Typ	Beschreibung
backdrop	boolean oder 'static'	true führt zum Schließen bei Klick außerhalb. 'static' unterdrückt das Schließen.
keyboard	boolean	Schließt den Dialog, wenn ESC gedrückt wird.
show	boolean	Sofort anzeigen bei der Initialisierung.

Tabelle 7-2: Aktionen für Modal

Name	Beschreibung
show	Anzeigen.
toggle	Anzeigezustand umschalten, asynchron.
hide	Schließen.
handleUpdate	Positioniert neu nach Verschieben oder Erscheinen der Scrollbar.

Tabelle 7-3: Ereignisse für Modal

Name	Beschreibung
show.bs.modal	Anzeigen.
hide.bs.modal	Schließen.
shown.bs.modal	Wurde angezeigt (auf Übergänge und Animationen wird gewartet).
hidden.bs.modal	Wurde geschlossen (auf Übergänge und Animationen wird gewartet).
loaded.bs.modal	Ist geladen.

Benutzung

Der Aufruf im Code sieht folgendermaßen aus:

.modal(options)

Der vollständige Code bezogen auf HTML-Code mit der ID myModal könnte so aussehen:

```
$('#myModal').modal('show')
```

Beachten Sie im Folgenden die Fluent-Syntax in Zeile 4, wo mit dem Objekt fortgesetzt wird, um weitere Aktionen auszulösen.

```
$('#myModal').modal({
  keyboard: false
})
.modal('toggle')
```

Bei Ereignissen kommt lediglich die Rückruffunktion hinzu, um reagieren zu können:

```
$('#myModal').on('hidden.bs.modal', function (e) {
  // Ereigniscode...
});
```

Aufklappmenü (dropdown)

Das Aufklappmenü gibt es in einfacher Form auch ohne JavaScript-Unterstützung. Die möglichen Interaktionen erweitern die Funktion von Navigationsleiste (navbar), Tabs (tabs) und Navigationsschaltflächen (pills).

Allgemeines zum Verhalten

Unsichtbare Elemente dynamisch einzublenden und wieder auszublenden, erfolgt durch Einschalten und Ausschalten der Klasse .open. Auf mobilen Geräten wird .dropdown-backdrop für den gesamten Bildschirm und für das »Tap«-Ereignis registriert. Das heißt, dass auf solchen Geräten das Menü nicht automatisch schließt, sondern mit einem extra Fingerdruck geschlossen werden muss, bevor ein anderer Menüeintrag gewählt werden kann.

Das Attribut data-toggle="dropdown" wird immer benötigt.

Optionen

Das Klappmenü hat keine Optionen.

Tabelle 7-4: Aktionen für Dropdown

Name	Beschreibung
toggle	Anzeigezustand umschalten, asynchron.

Tabelle 7-5: Ereignisse für Dropdown

Name	Beschreibung
show.bs.dropdown	Anzeigen.
hide.bs.dropdown	Schließen.
shown.bs.dropdown	Wurde angezeigt (auf Übergänge und Animationen wird gewartet).
hidden.bs.dropdown	Wurde geschlossen (auf Übergänge und Animationen wird gewartet).
loaded.bs.dropdown	Ist geladen.

Benutzung

Basierend auf dem Code des statischen Klappmenüs ist das HTML praktisch identisch:

```
<div class="dropdown">
  <button id="dLabel" type="button"
          data-toggle="dropdown"
          aria-haspopup="true" aria-expanded="false">
    Dropdown auslösen
    <span class="caret"></span>
  </button>
  <ul class="dropdown-menu" aria-labelledby="dLabel">
    ...
  </ul>
</div>
```

Werden Hyperlinks benutzt und ist das href-Attribut belegt, verwenden Sie data-target statt href="#".

```
<div class="dropdown">
  <a id="dLabel" data-target="#" href="http://example.com"
     data-toggle="dropdown" role="button"
     aria-haspopup="true" aria-expanded="false">
    Dropdown auslösen
    <span class="caret"></span>
  </a>

  <ul class="dropdown-menu" aria-labelledby="dLabel">
    ...
  </ul>
</div>
```

Im Code sieht die Nutzung folgendermaßen aus:

```
$('.dropdown-toggle').dropdown()
```

Bei Ereignissen kommt lediglich die Rückruffunktion hinzu, um reagieren zu können:

```
$('#myDropdown').on('show.bs.dropdown', function () {
  // tu was...
})
```

Scrollbar-Überwachung (scrollspy)

Diese Komponente erkennt die Position der Scrollbar. Damit lassen sich Sprungziele in einer Navigationsleiste abhängig von der Position der Scrollleiste aktualisieren. Das ist vor allem für sehr lange Seiten interessant, in denen die Sprungziele in Form einer Liste von

Hyperlinks an der Seite links oder rechts oben stehen und dort immer sichtbar sind. Wenn der Benutzer auf einen Link klickt, springt die Seitenposition zum Ziel. Dies ist das normale Browserverhalten. Wenn jedoch die Scrollbar benutzt wird, wird durch den *Scrollbar-Überwacher* das Menü passend zur Position so angezeigt, dass der aktuell sichtbare Abschnitt hervorgehoben wird. Damit das Menü diesen Effekt anzeigen kann, muss es beim Scrollen sichtbar bleiben. Dazu sollte die Navigation angeheftet werden. Dies kann mit position: sticky erreicht werden.

Benutzung

Zuerst wird eine Navigationskomponente benötigt. Die Auflösung der Sprungziele muss über id erfolgen. Ein Ziel, das mit `<a href="#home">home</a>` erstellt wurde, muss zu einem passenden `<div id="home"></div>` führen. Unsichtbare Elemente werden ignoriert. Als Kriterium für die Sichtbarkeit gilt, was jQuery bei Benutzung des Pseudoselektors :visible angibt. Überwacht wird der Scrollbereich eines Elements. Dieses muss mit position:relative positioniert werden. Meist ist das `<body>`, und es ist keine weitere Aktion erforderlich. Ist es ein anderes Element, müssen zusätzlich overflow-y: scroll und eine Höhe angegeben werden.

Die Aktivierung erfolgt mit data-spy="scroll" auf das zu überwachende Element, beispielsweise `<body>`. Dann wird data-target auf die id oder Klasse des Elternelements einer mit .nav erstellten Komponente gesetzt.

```
<style>
body {
  position: relative;
}
</style>

<body data-spy="scroll" data-target="#navbar-example">
  ...
  <div id="navbar-example">
    <ul class="nav nav-tabs" role="tablist">
      ...
    </ul>
```

```
    </div>
    ...
</body>
```

In JavaScript sieht die Benutzung folgendermaßen aus:

```
$('body').scrollspy({ target: '#navbar-example' })
```

Werden Elemente dynamisch hinzugefügt, muss 'refresh' aufgerufen werden.

```
$('[data-spy="scroll"]').each(function () {
  var $spy = $(this).scrollspy('refresh')
})
```

Bei Ereignissen kommt lediglich die Rückruffunktion hinzu, um reagieren zu können:

```
$('#myScrollspy').on('activate.bs.scrollspy', function () {
  // tu was...
})
```

Optionen

Optionen können als data--Attribute in HTML oder als JSON im Code gesetzt werden. Das Suffix der data--Attribute entspricht dem Namen der Eigenschaft in JSON.

Tabelle 7-6: Optionen für ScrollbarSpy

Name	Typ	Beschreibung
offset	number	Abstand von oben, ab dem auf das Erscheinen reagiert wird. Der Standardwert ist 10.

Tabelle 7-7: Aktionen für ScrollbarSpy

Name	Beschreibung
refresh	Synchronisiert dynamische Elemente.

Tabelle 7-8: Ereignisse für ScrollbarSpy

Name	Beschreibung
activate.bs.scrollspy	Anzeigen.

Umschaltbare Tabs (tab)

Umschaltbare Tabs können auch von anderen Elementen aus verändert werden. Dies wird nur auf einer Ebene unterstützt – nicht für verschachtelte Elemente.

Benutzung

Die Aktivierung in JavaScript sieht folgendermaßen aus:

```
$('#myTabs a').click(function (e) {
  e.preventDefault()
  $(this).tab('show')
})
```

Die Aktivierung kann mithilfe von Selektoren flexibel erfolgen:

```
$('#myTabs a[href="#profile"]').tab('show')
$('#myTabs a:first').tab('show')
$('#myTabs a:last').tab('show')
$('#myTabs li:eq(2) a').tab('show')
```

Der Code in Zeile 1 nutzt einen Namen; Zeile 2 wählt den ersten Tabulator, Zeile 3 den letzten. In Zeile 4 wird der dritte (2, das heißt der Wert ist 0-basiert) gewählt.

Das Attribut data-toggle="tab" oder data-toggle="pill" erledigt das im Markup.

Beispiel 7-5: Interaktive Tabs

```
<div>

  <!-- Nav tabs -->
  <ul class="nav nav-tabs" role="tablist">
    <li role="presentation" class="active">
      <a href="#home" aria-controls="home"
        role="tab" data-toggle="tab">Home</a>
    </li>
    <li role="presentation">
      <a href="#profile" aria-controls="profile"
        role="tab" data-toggle="tab">Profil</a>
    </li>
    <li role="presentation">
      <a href="#messages" aria-controls="messages"
        role="tab" data-toggle="tab">Nachricht</a>
```

```
      </li>
      <li role="presentation">
         <a href="#settings" aria-controls="settings"
            role="tab" data-toggle="tab">Einst.</a>
      </li>
   </ul>

   <!-- Tabulator-Inhalte -->
   <div class="tab-content">
      <div role="tabpanel" class="tab-pane active" id="home">
         ...
      </div>
      <div role="tabpanel" class="tab-pane" id="profile">
         ...
      </div>
      <div role="tabpanel" class="tab-pane" id="messages">
         ...
      </div>
      <div role="tabpanel" class="tab-pane" id="settings">
         ...
      </div>
   </div>

</div>
```

Bei Ereignissen kommt lediglich die Rückruffunktion hinzu, um reagieren zu können:

```
$('a[data-toggle="tab"]').on('shown.bs.tab', function (e) {
  e.target // neues Tab
  e.relatedTarget // vorheriges Tab
})
```

Optionen

Optionen können als data--Attribute im HTML oder als JSON im Code gesetzt werden. Das Suffix der data--Attribute entspricht dem Namen der Eigenschaft in JSON.

Tabelle 7-9: Optionen für Tabs

Name	Typ	Beschreibung
offset	number	Abstand von oben, ab dem auf das Erscheinen reagiert wird. Der Standardwert ist 10 Pixel.

Tabelle 7-10: Aktionen für Tabs

Name	Beschreibung
show	Anzeigen.

Beachten Sie, dass es kein 'hide' gibt, weil immer ein Tab aktiv ist. Wird eines aktiviert, werden alle anderen versteckt.

Tabelle 7-11: Ereignisse für Tabs

Name	Beschreibung
hide.bs.tab	Tab wird versteckt.
show.bs.tab	Tab wird angezeigt.
hidden.bs.tab	Tab wurde versteckt (nach Animationen).
shown.bs.tab	Tab wurde angezeigt (nach Animationen).

Tooltipps (tooltip)

Tooltipps dienen dazu, hilfreiche Informationen für den Benutzer bereitzustellen. Sie reagieren auf eine schwebende (hover) Maus. Da viele Tooltipps auf einer Seite kritisch für die Leistung des Browsers sind, müssen sie selbst aktiviert werden – die Attribute allein reichen nicht aus.

Beispiel 7-6: Tooltips für Schaltflächen

```
<button type="button" class="btn btn-secondary"
        data-toggle="tooltip" data-placement="left"
        title="Tooltip on left">Tooltip links</button>

<button type="button" class="btn btn-secondary"
        data-toggle="tooltip" data-placement="top"
        title="Tooltip on top">Tooltip oben</button>

<button type="button" class="btn btn-secondary"
        data-toggle="tooltip" data-placement="bottom"
        title="Tooltip on bottom">Tooltip unten</button>

<button type="button" class="btn btn-secondary"
        data-toggle="tooltip" data-placement="right"
        title="Tooltip on right">Tooltip rechts</button>
```

Die Aktivierung erfolgt immer im Skriptcode. Der folgende Code aktiviert alle Tooltipps beim Laden der Seite:

```
$(function () {
  $('[data-toggle="tooltip"]').tooltip()
})
```

Für einen Tooltipp sieht das folgendermaßen aus:

```
$('#example').tooltip(options)
```

Das passende Markup dazu könnte so geschrieben werden:

```
<a href="#" data-toggle="tooltip"
   title="Ein Tipp erscheint!">Maus schweben lassen</a>
```

Das erzeugte Markup sieht folgendermaßen aus:

```
<div class="tooltip top" role="tooltip">
  <div class="tooltip-arrow"></div>
  <div class="tooltip-inner">
    Ein Tipp erscheint!
  </div>
</div>
```

Mehrzeilige Links

Manchmal sind die Tipps etwas komplexer und haben mehrere Zeilen. Normalerweise wird der Text automatisch umbrochen und zentriert. Mit `white-space: nowrap;` wird dieser Umbruch verhindert. Wird ein solcher Tipp in Gruppen von Schaltflächen (mit `.btn-group` oder `.input-group`) eingesetzt, sind weitere Maßnahmen erforderlich. Im JavaScript muss der Container angegeben werden, in den der generierte Code im DOM eingepflanzt wird. Meist ist `container: 'body'` ausreichend.

Allgemeine Tipps

Tooltipps für unsichtbare Elemente sind keine gute Idee. Der Tipp wird nicht korrekt platziert, weil die Position des Bezugselements nicht bestimmt werden kann. Zeigen Sie das Bezugselement erst an und lösen Sie den Tooltipp danach aus.

Ansonsten sollten Tooltipps nur dann eingesetzt werden, wenn die Elemente mit der Tastatur erreicht werden können. Dies können Sie erwirken, wenn Sie sich auf Eingabeelemente beschränken. Ist das nicht möglich, nutzen Sie das Attribut tabindex, um ein Element explizit erreichbar zu machen.

Sollen Tooltipps auf deaktivierten Elementen sichtbar werden, muss ein Wrapper gebaut werden. Am besten fügen Sie ein weiteres <div>-Element hinzu und starten den Tooltipp von dort.

```
$('#myTooltip').on('hidden.bs.tooltip', function () {
  // tu was...
})
```

Optionen

Optionen können als data--Attribute im HTML oder im JSON-Format im Code gesetzt werden. Das Suffix der data--Attribute entspricht dem Namen der Eigenschaft im JSON-Format.

Tabelle 7-12: Optionen für Tooltip

Name	Typ	Beschreibung
animation	boolean	Animation beim Erscheinen.
container	string oder false	Positionierung bei einem anderen Element.
delay	number, object	Verzögerung in Millisekunden (Standard: 0). Kann auch ein Objekt sein: { "show": 10, "hide": 10 }, dann gelten für das Anzeigen und Ausblenden verschiedene Werte.
html	boolean	HTML im Text erlaubt.
placement	string, function	'top', 'bottom', 'left', 'right', 'auto'. 'auto' platziert so, dass der Tooltipp immer angezeigt wird. Bei einer Funktion kann die Position selbst bestimmt werden.
selector	string	Auswahl des Ziels als Selektor.
template	string	Vorlage in HTML.
title	string	Inhalt (Text) des Tooltipps.

Tabelle 7-12: Optionen für Tooltip (Fortsetzung)

Name	Typ	Beschreibung
trigger	string	Auslöser: click, hover, focus, manual. Standard: 'hover focus'.
viewport	string, object, function	Standard: `{ selector: 'body', padding: 0 }` oder ein Selektor oder eine Auswahlfunktion.

Die Standardvorlage des Tooltipps sieht folgendermaßen aus:

```
<div class="tooltip" role="tooltip">
  <div class="tooltip-arrow"></div>
  <div class="tooltip-inner"></div>
</div>
```

Der Text erscheint in `.tooltip-inner`.

Tabelle 7-13: Aktionen für Tooltip

Name	Beschreibung
show	Anzeigen.
hide	Ausblenden.
destroy	Ausblenden und Ereignisse unterdrücken.

Tabelle 7-14: Ereignisse für Tooltip

Name	Beschreibung
hide.bs.tab	Tooltipp wird versteckt.
show.bs.tab	Tooltipp wird angezeigt.
hidden.bs.tab	Tooltipp wurde versteckt (nach Animationen).
shown.bs.tab	Tooltipp wurde angezeigt (nach Animationen).

Popover (popover)

Popover steht für einen kurzzeitig erscheinenden nicht modalen Dialog, meist ohne Interaktionsmöglichkeiten. Die wichtigste Anwendung sind ausführlichere Hilfetexte. Dies ist immer dann angebracht, wenn Tooltipps nicht mehr ausreichen. Da viele Überlagerungen auf einer Seite kritisch für die Leistung des Browsers sind, müssen diese explizit aktiviert werden – die Attribute allein reichen nicht aus.

Popover können statisch sein oder dynamisch aktiviert werden. Statische, also ständig sichtbare Elemente dienen mehr der Gestaltung.

Anwendung

Die Aktivierung kann beim Laden der Seite mit folgendem Code geschehen:

```
$(function () {
  $('[data-toggle="popover"]').popover();
})
```

Für ein einzelnes Element sieht das folgendermaßen aus (der Selektor führt zur Schaltfläche):

```
$('#buttonid').popover({});
```

Ist der anzuzeigende Bereich einer einzelnen Schaltfläche zugeordnet, ist der Einsatz unkritisch. Wird er dagegen einer Gruppe zugeordnet (.btn-group oder .input-group), sollte der Container, in dem das Element platziert wird, <body> sein. Es kann sonst zu unerwünschten Nebeneffekten kommen (zu breit, Verlust der abgerundeten Ecken). Es ist außerdem nicht empfehlenswert, Popover auf versteckten Elementen zu aktivieren. Bootstrap nutzt zur Positionierung die Koordinaten des auslösenden Elements, und ohne Sichtbereich können diese ungenau oder ungültig sein. Auf deaktivierten Elementen können Sie Popover nutzen, allerdings ist ein umschließender Container erforderlich (meist ein <div>).

Wenn das auslösende Element ein Hyperlink ist, kann es auf schmalen Bildschirmen passieren, dass der Inhalt des Hyperlinks mehrzeilig ist. Das Popover wird sowohl horizontal als auch vertikal zentriert. Dies kann ungünstig sein, weil es die Lesbarkeit des auslösenden Elements beeinträchtigt. Mit dem Stil white-space: nowrap; auf dem Hyperlink kann dieses Verhalten vermieden werden.

Die generelle Nutzung als Hilfetext für Schaltflächen sieht folgendermaßen aus:

```
    <button type="button" class="btn btn-lg btn-danger"
            data-toggle="popover" title="Der Titel"
            data-content="Hier steht z.B. Hilfe">Hilfe?</button>
```

Beispiel 7-7: Popover platzieren (popover.html)

```
    <button type="button" class="btn btn-secondary"
            data-container="body"
            data-toggle="popover"
            data-placement="left"
            data-content="Dies ist ein hilfreicher Hilfetext.">
      Platzierung links
    </button>

    <button type="button" class="btn btn-secondary"
            data-container="body"
            data-toggle="popover"
            data-placement="top"
            data-content="Dies ist ein sehr hilfreicher Hilfetext.">
      Platzierung oben
    </button>

    <button type="button" class="btn btn-secondary"
            data-container="body"
            data-toggle="popover"
            data-placement="bottom"
            data-content="Dies ist ein hilfreicher Hilfetext.">
      Platzierung unten
    </button>

    <button type="button" class="btn btn-secondary"
            data-container="body"
            data-toggle="popover"
            data-placement="right"
            data-content="Dies ist ein hilfreicher Hilfetext.">
      Platzierung rechts
    </button>
```

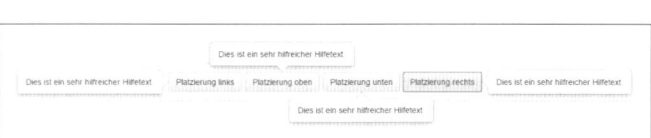

Abbildung 7-4: Popover platzieren

Elemente wie Popover sollten sich einfach wieder entfernen lassen. Am komfortabelsten ist es für den Benutzer, wenn die nächste Aktion das Element entfernt. Das Ereignis 'focus' eignet sich dazu, denn es reagiert auf jedes andere Element, das den Fokus bekommt. Außerdem müssen die Attribute role="button" und tabindex vorhanden sein.

```
<a tabindex="0" class="btn btn-lg btn-danger"
   role="button"
   data-toggle="popover"
   data-trigger="focus"
   title="Hilfe naht"
   data-content="Dies ist der Hilfetext!">
   Kann entfernt werden
</a>
```

Hyperlink beachten

Damit das immer funktioniert, sollte der Auslöser ein Hyperlink und keine Schaltfläche sein.

Optionen

Optionen können als data--Attribute im HTML oder als JSON im Code gesetzt werden. Das Suffix der data--Attribute entspricht dem Namen der Eigenschaft in JSON.

Tabelle 7-15: Optionen für Popover

Name	Typ	Beschreibung
animation	boolean	Animation beim Erscheinen.
container	string oder false	Positionierung bei einem anderen Element.
delay	number, object	Verzögerung in Millisekunden (Standard: 0). Kann auch ein Objekt sein: { "show": 10, "hide": 10 } Dann gelten für das Anzeigen und Ausblenden verschiedene Werte.
html	boolean	HTML im Text erlaubt.
content	string	Standardinhalt, falls das Element nichts liefert.

Tabelle 7-15: Optionen für Popover (Fortsetzung)

Name	Typ	Beschreibung
placement	string, function	'top', 'bottom', 'left', 'right', 'auto'. 'auto' platziert so, dass der Tooltipp immer angezeigt wird. Bei einer Funktion kann die Position selbst bestimmt werden.
selector	string	Auswahl des Ziels als Selektor.
template	string	Vorlage in HTML.
title	string	Inhalt (Text) des Tooltipps.
trigger	string	Auslöser: click, hover, focus, manual. Standard: 'hover focus'.
viewport	string, object, function	Standard: { selector: 'body', padding: 0 } oder ein Selektor oder eine Auswahlfunktion.

Die Standardvorlage des Popover sieht folgendermaßen aus:

```
<div class="popover" role="tooltip">
  <div class="arrow"></div>
  <h3 class="popover-title"></h3>
  <div class="popover-content"></div>
</div>
```

Der Text erscheint in .popover-content.

Tabelle 7-16: Aktionen für Popover

Name	Beschreibung
show	Anzeigen.
hide	Ausblenden.
toggle	Ansichtszustand umschalten.
destroy	Ausblenden und Ereignisse unterdrücken.

Tabelle 7-17: Ereignisse für Popover

Name	Beschreibung
hide.bs.popover	Popover wird versteckt.
show.bs.popover	Popover wird angezeigt.

Tabelle 7-17: Ereignisse für Popover (Fortsetzung)

Name	Beschreibung
hidden.bs.popover	Popover wurde versteckt (nach Animationen).
shown.bs.popover	Popover wurde angezeigt (nach Animationen).
inserted.bs.popover	Nach 'show', wenn das Element im DOM platziert wurde.

Meldungen (alert)

Vom Erscheinungsbild her gleichen die Meldungen den mit .alert erstellten Formen. Die zusätzliche Interaktion besteht in der Möglichkeit, das Element zu verbergen (zu schließen). Die Meldung selbst kann darüber hinaus weitere Aktionen enthalten. Die Schließen-Funktion entsteht automatisch, wenn data-dismiss="alert" dem Element hinzugefügt wird, das den Schließvorgang auslöst.

Eine solche Schließen-Schaltfläche könnte folgendermaßen aussehen:

```
<button type="button"
        id="myAlert"
        class="close"
        data-dismiss="alert"
        aria-label="Schließen">
  <span aria-hidden="true">&times;</span>
</button>
```

Die Aktivierung erfolgt mit der Methode alert():

```
$('#myAlert').alert();
```

Reagiert werden kann auf das Schließen:

```
$('#myAlert').on('closed.bs.alert', function () {
  // tu was...
})
```

Optionen

Optionen gibt es nicht. Die Gestaltung wird mit HTML vorgenommen.

Tabelle 7-18: Aktionen für Alert

Name	Beschreibung
close	Ausblenden der Meldung.

Tabelle 7-19: Ereignisse für Alert

Name	Beschreibung
close.bs.popover	Meldung wird geschlossen.
closed.bs.popover	Meldung wurde geschlossen (nach Animationen).

Interaktive Schaltflächen (button)

Interaktive Schaltflächen reagieren auf Zustände und zeigen diese an.

Umschalter

Mit data-toggle="button" wird eine Schaltfläche zum Umschalter. Sie sieht dann aus wie eine Schaltfläche, verhält sich aber logisch wie ein Kontrollkästchen. Ist ein solcher Umschalter beim Start der Seite aktiv, sollte er die Klasse .active haben und das Attribut aria-pressed="true" tragen.

```
<button type="button" class="btn btn-primary"
        data-toggle="button"
        aria-pressed="false" autocomplete="off">
   Einfacher Umschalter
</button>
```

Analog gilt das auch für Gruppen. Hier wird data-toggle="buttons" auf einem Element mit der Klasse .btn-group benutzt. Die Elemente sollten dann auch vom Typ checkbox oder radio sein. Die Gestaltung kann dennoch als Schaltfläche erfolgen. Dies wirkt auf Seiten oft organischer und weniger technisch als die Benutzung einer Anzahl von Kontrollkästchen oder Optionsfelder.

```
<div class="btn-group" data-toggle="buttons">
  <label class="btn btn-primary active">
    <input type="checkbox" autocomplete="off" checked> 1
```

```
  </label>
  <label class="btn btn-primary">
    <input type="checkbox" autocomplete="off"> 2
  </label>
  <label class="btn btn-primary">
    <input type="checkbox" autocomplete="off"> 3
  </label>
</div>
<div class="btn-group" data-toggle="buttons">
  <label class="btn btn-primary active">
    <input type="radio" name="options"
           id="option1" autocomplete="off" checked> 1
  </label>
  <label class="btn btn-primary">
    <input type="radio" name="options"
           id="option2" autocomplete="off"> 2
  </label>
  <label class="btn btn-primary">
    <input type="radio" name="options"
           id="option3" autocomplete="off"> 3
  </label>
</div>
```

Optionen

Optionen gibt es nicht. Die Gestaltung wird mit HTML vorgenommen. Einzige Möglichkeit der Änderung durch Code besteht im Ändern des Texts der Schaltfläche:

```
$('#myButton').button('Neuer Text');
```

Tabelle 7-20: Aktionen für Button

Name	Beschreibung
toggle	Umschalten.
reset	Zurücksetzen.

Inhaltseinblendung (collapse)

Ähnlich wie das Popover funktioniert die Inhaltseinblendung. In jedem Fall dient dieses Element dazu, nur zeitweilig benötigte Inhalte anzuzeigen und dann kostbaren Platz wieder freizugeben.

Anwendung

Benötigt werden zuerst auslösende Elemente, also entweder Hyperlinks oder Schaltflächen:

Beispiel 7-8: Inhaltseinblendung (collapse.html)

```
<a class="btn btn-primary"
   role="button"
   data-toggle="collapse"
   href="#collapseExample"
   aria-expanded="false"
   aria-controls="collapseExample">
  Via Link
</a>
<button class="btn btn-danger-outline"
        type="button"
        data-toggle="collapse"
        data-target="#collapseExample"
        aria-expanded="false"
        aria-controls="collapseExample">
  Via Schaltfläche
</button>
<div class="collapse" id="collapseExample">
  <div class="card card-body card-text">
    ...
  </div>
</div>
```

Der Auslöser für das Umschalten der Gruppe ist `data-toggle="collapse"`. Dies kann entweder ein Link sein (mit `href="#targetId"`) oder eine Schaltfläche (mit `data-target="Selektor"`).

Der untere Bereich mit dem Meldungstext erscheint erst, wenn eine der Schaltflächen geklickt wurde:

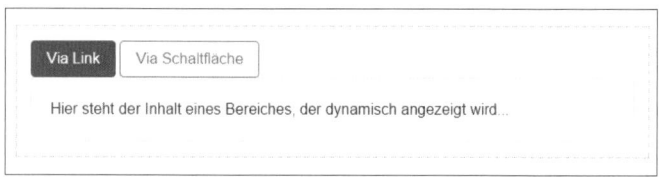

Abbildung 7-5: Inhaltseinblendung

Die Aria-Unterstützung wird intern vom Skript beachtet und sollte durch passende Attribute ergänzt werden:

- `aria-expanded` zeigt an, welche Gruppe geöffnet ist.
- `aria-controls` zeigt an, welche Gruppe vom Link gesteuert wird.
- `aria-labelledby` zeigt an, welcher Kopfbereich die Gruppe bezeichnet.

Inhaltsgruppen – Accordion (accordion)

Accordion ist ein sehr häufig benutztes Element, das viele Frameworks anbieten. Technisch betrachtet ist es eine Gruppe von Navigationselementen und dynamischen Panelen, die jeweils exklusiv eingeblendet werden. Die einzelnen Bausteine sind alle bereits vorgestellt worden. In Bootstrap ist das Accordion nicht eine eigenständige Komponente, sondern eine clevere Kombination von Grundbausteinen.

Zuerst ein Blick auf ein Beispiel:

Beispiel 7-9: Inhaltsgruppen (accordion.html)
```
<div id="accordion" role="tablist" aria-multiselectable="true">
  <div class="card card-success"
      role="tab">
    <h4 class="card-header"
        id="headingOne">
      <a href="#collapseOne"
        data-toggle="collapse"
        data-parent="#accordion"
        aria-expanded="true"
        aria-controls="collapseOne">
      Gruppe 1</a>
    </h4>
    <div id="collapseOne"
        class="collapse in"
        role="tabpanel"
        aria-labelledby="headingOne">
      <div class="card-body card-text">
        Viel Text in Gruppe 1.
      </div>
    </div>
  </div>
```

```html
    <div class="card"
        role="tab">
      <h4 class="card-header"
          id="headingTwo">
        <a href="#collapseTwo"
           data-toggle="collapse"
           data-parent="#accordion"
           aria-expanded="false"
           aria-controls="collapseTwo">Gruppe 2</a>
      </h4>
      <div id="collapseTwo"
           class="collapse"
           role="tabpanel"
           aria-labelledby="headingTwo">
        <div class="card-body card-text">
          Viel Text in Gruppe 2.
        </div>
      </div>
    </div>
    <div class="card"
        role="tab">
      <h4 class="card-header"
          id="headingThree">
        <a href="#collapseThree"
           data-toggle="collapse"
           data-parent="#accordion"
           aria-expanded="false"
           aria-controls="collapseThree">
        Gruppe 3</a>
      </h4>
      <div id="collapseThree"
           class="collapse"
           role="tabpanel"
           aria-labelledby="headingThree">
        <div class="card-body card-text">
          Viel Text in Gruppe 3.
        </div>
      </div>
    </div>
  </div>
```

Der Code nutzt die data--Attribute und zur Gestaltung die in Bootstrap 4 neu eingeführten .card-Klassen. Der Auslöser für das Umschalten der Gruppe ist data-toggle="collapse". Er kann entweder als Link (mit href="#targetId") oder als Schaltfläche (mit data-target="Selektor") ausgeführt werden. Damit beim Öffnen einer Gruppe die andere bereits geöffnete Gruppe automatisch schließt, wird data-parent="id" eingesetzt, wobei die id auf das umschließende Containerelement verweist.

Der Anfangszustand wird mit der Klasse .in bestimmt. Derart dekorierte Elemente sind beim Laden der Seite geöffnet.

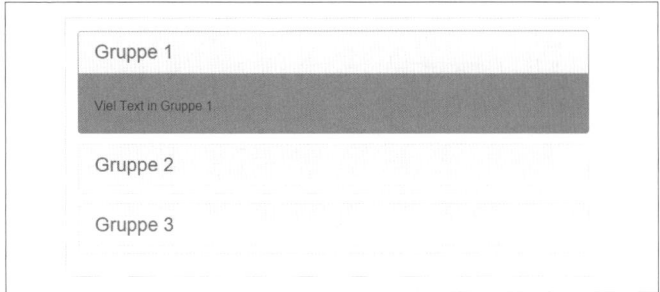

Abbildung 7-6: Accordion

Die Aktivierung im Code – wenn keine data--Attribute benutzt werden sollen – erfolgt so:

```
$('.collapse').collapse();
```

Benutzen Sie entweder data--Attribute oder JavaScript. Wird beides gleichzeitig verwendet, kommt das Skript durcheinander, und das Accordion verhält sich unlogisch.

Optionen

Optionen können als data--Attribute im HTML oder als JSON im Code gesetzt werden. Das Suffix der data--Attribute entspricht dem Namen der Eigenschaft in JSON.

Tabelle 7-21: Optionen für Collapse

Name	Typ	Beschreibung
parent	string	Selektor für das Elternelement.
toggle	boolean	Automatisches Umschalten.

Tabelle 7-22: Aktionen für Collapse

Name	Beschreibung
show	Anzeigen.
hide	Ausblenden.
toggle	Ansichtszustand umschalten.

Tabelle 7-23: Ereignisse für Collapse

Name	Beschreibung
hide.bs.collapse	Inhalt wird versteckt.
show.bs.collapse	Inhalt wird angezeigt.
hidden.bs.collapse	Inhalt wurde versteckt (nach Animationen).
shown.bs.collapse	Inhalt wurde angezeigt (nach Animationen).

Bilderkarussell (carousel)

Das Bilderkarussell dient dazu, eine Bilder- oder Inhaltsstrecke anzuzeigen, wobei immer nur ein Element zurzeit sichtbar ist.

Anwendung

Nachfolgend ein Beispiel, wie das Karussell aufgebaut ist:

Beispiel 7-10: Bilderkarussell (caroussel.html)

```
<div id="carousel-example-generic"
    class="carousel slide" data-ride="carousel">
  <ol class="carousel-indicators">
    <li data-target="#carousel-example-generic"
        data-slide-to="0" class="active"></li>
    <li data-target="#carousel-example-generic"
        data-slide-to="1"></li>
    <li data-target="#carousel-example-generic"
        data-slide-to="2"></li>
  </ol>

  <div class="carousel-inner" role="listbox">
    <div class="item active">
      <img src="..." alt="...">
```

```
      <div class="carousel-caption">
        ...
      </div>
    </div>
    <div class="item">
      <img src="..." alt="...">
      <div class="carousel-caption">
        ...
      </div>
    </div>
    ...
  </div>

  <a class="left carousel-control"
     href="#carousel-example-generic"
     role="button"
     data-slide="prev">
    <span class="glyphicon glyphicon-chevron-left"
          aria-hidden="true"></span>
    <span class="sr-only">Previous</span>
  </a>
  <a class="right carousel-control"
     href="#carousel-example-generic"
     role="button"
     data-slide="next">
    <span class="glyphicon glyphicon-chevron-right"
          aria-hidden="true"></span>
    <span class="sr-only">Next</span>
  </a>
</div>
```

Abbildung 7-7: Ein Bild des Bilderkarussells

Im Code geschieht die Aktivierung folgendermaßen:

```
$('.carousel').carousel();
```

> Diese Komponente ist für barrierefreie Umgebungen nicht geeignet.

Optionen

Optionen können als data--Attribute im HTML oder als JSON im Code gesetzt werden. Das Suffix der data--Attribute entspricht dem Namen der Eigenschaft in JSON.

Tabelle 7-24: Optionen für Carousel

Name	Typ	Beschreibung
interval	number	Zeit bis zum nächsten Element, Standard ist 5000 ms.
pause	string	Stoppt das Weiterschalten, solange die Maus über dem Element ist.
wrap	boolean	Kontinuierliches oder schrittweises Weiterschalten.
keyboard	boolean	Reagiert auf die Tastatur.

Tabelle 7-25: Aktionen für Carousel

Name	Beschreibung
cycle	Wechsel zum nächsten Element.
pause	Anhalten.
prev	Vorhergehender Eintrag.
next	Nächster Eintrag.

Tabelle 7-26: Ereignisse für Carousel

name	Beschreibung
slide.bs.carousel	Start einer Bewegung.
slid.bs.carousel	Ende einer Bewegung.

Index

Symbole
@media 18

A
Accordion 203
alert 199
   siehe Meldungen 144
Animationen 174
anzeigen und verstecken 111
Audio 107
Aufklappmenüs 70, 113
ausblenden 112
Auswahlfelder 75
Auto-Layout 24

B
Barrierefreiheit
   Formulare 83
Bilder 105
Bilderkarussell 206
Blättern 137
breadcrumb
   siehe Pfadnavigation 136
Browserunterstützung 7

C
cards
   siehe Karten 157
Caret 105
Carousel
   siehe Bilderkarussell 206
CDN 2
Clearfix 111
Clipping 23
Collapse
   siehe Inhaltseinblendung 201
Container 17, 25
Containerbreite 18

D
deaktivierte Links 117
Doctype 15
dropdown
   siehe Aufklappmenü 113

E
Eingabegruppen 62

F
Farben 107
Fluss 110

Font-Awesome 6
Fonts
    Reboot 13
Formulare 61
Fortschrittsbalken 146

G

Glyphicons 6
Großbildleinwand 143

H

Hilfsklassen 12
Hintergründe 107
Hintergrundfarbe 109

I

Inhaltseinblendung 201
Installation 3

J

jQuery UI 172
Jumbotron 143

K

Karten 157
Kartengruppen 165
Kennzeichnungen 140
Kennzeichnungsplaketten 141
Komponenten 171
Kontrollkästchen 75

L

Label 64
Links, deaktivierte
    siehe Deaktivierte Links 117
Listen 152

M

Medien 151
Meldungen 104, 144, 199
    schließbar 145
Menü, Schaltflächen 121
Minimizer 6
Modale Dialoge 174

N

navbar
    siehe Navigationsleiste 130
Navigation 125
Navigationsleiste 130

O

Offset 25
Optimierung 10

P

pagination
    siehe Blättern 137
Pfadnavigation 136
Pills 126
Popover 194
Popper 5
Programmierschnittstelle 172

progress
   siehe Fortschrittsbalken 146

Q
Quellen 107

R
Rahmen 12
Raster 15
Raster-System 16
Reboot 13

S
SASS 4
Schaltflächen 69
   geteilt 122
   outline 98
   semantische 95
   Symbole 104
   Zustände 99
Scrollbar-Überwachung 186
ScrollSpy
   siehe Scrollbar-Überwachung 186
Segmente, Schaltflächen 71
Seitenüberschriften 144
Spalten 17
Spaltenbreite 18
Standardnavigationsleiste 135
Struktur 4
Symbole 101
Symbolfonts 101

T
Tabs 125, 189
tags
   siehe Kennzeichnungen 140
Textfarbe 107
toolbar
   siehe Werkzeugleisten 118
Tooltipp 191
Transition
   siehe Übergänge 174
Trennlinien 116

U
Übergänge 174
Uglifier
   siehe Minimizer 6
Umbruchpunkte 17

V
verstecken und anzeigen 111
Video 107
Vorschaubild 106

W
Werkzeugleisten 118

Z
Zeilen 17
zentrieren 110
Zoom 16
Zwischenüberschriften 116

Über den Autor

Jörg Krause arbeitet als Trainer, Berater und Softwareentwickler für Unternehmen weltweit. Seit über 25 Jahren arbeitet er mit verschiedensten Webumgebungen und -technologien und realisiert große und kleine Projekte.

Er legt Wert auf solides Webwissen und ist der Ansicht, dass Entwickler besser beraten sind, für robuste technische Grundlagen zu sorgen, anstatt immer auf das neueste Framework zu setzen.

Jörg hat über 40 Titel bei renommierten Fachverlagen in Deutsch und Englisch veröffentlicht, weit über 20 Bücher sind im Selbstverlag *texxtoor* erschienen. Auf seiner Website *www.joergkrause.de* finden Sie viele Informationen zu aktuellen Webthemen.

Kontakt zum Autor

Kontakt zu Jörg können Sie über seine Website, aber auch über *www.IT-Visions.de* aufnehmen. Wenn Sie für Ihr Unternehmen eine professionelle Beratung zu Webthemen oder eine Weiterbildungsveranstaltung für Softwareentwickler planen, kontaktieren Sie Jörg über seine Website (*http://www.joergkrause.de*).

Lea Verou

Typische Webdesign-Probleme klug gelöst

Lea Verou

CSS Secrets

ISBN: 978-3-96009-025-0
2016, 400 Seiten
komplett in Farbe, Broschur
Print: 34,90 €, E-Book: 27,99 €

Die international bekannte CSS-Expertin Lea Verou stellt in *CSS Secrets* 47 neue und inspirierende Techniken und Tipps vor, mit denen Sie als CSS-Entwickler typische Webdesign-Probleme lösen können. In diesem Buch geht es in erster Linie darum, Webdesign-Probleme mit Code zu lösen.

www.oreilly.de

Jennifer Niederst Robbins

O'Reillys Taschenbibliothek

Jennifer Niederst Robbins

**HTML5 – kurz & gut
5. Auflage**

ISBN: 978-3-95561-656-4
2014, 192 Seiten, Broschur
Print: 12,90 €, E-Book: 9,99 €

Diese Kurzreferenz ist der optimale Begleiter für alle Webdesigner und -entwickler, die standardkonforme Websites erstellen möchten. Das Buch eignet sich hervorragend zum Nachschlagen und bietet einen strukturierten Überblick über alle HTML-Tags und ihre Attribute.

www.oreilly.de

Mark Lutz

O'Reillys Taschenbibliothek

Mark Lutz

**Python – kurz & gut
5. Auflage**

ISBN: 978-3-95561-770-7
2014, 280 Seiten, Broschur
Print: 14,90 €, E-Book: 11,99 €

Die objektorientierte Sprache Python eignet sich hervorragend zum Schreiben von Skripten, Programmen und Prototypen. Damit Sie im Programmieralltag immer den Überblick behalten, sind die verschiedenen Sprachmerkmale und Elemente in *Python - kurz & gut* übersichtlich zusammengestellt.

www.oreilly.de